探寻青年律师成长与发展之路

——以深圳千名青年律师为调查样本

深圳市律师协会 编著

Explore the Way for Young Lawyers to Grow and Develop

Based on a Case Study of Thousands of Young Lawyers in Shenzhen

 中国政法大学出版社

图书在版编目（ＣＩＰ）数据

探寻青年律师成长与发展之路：以深圳千名青年律师为调查样本/深圳市律师协会编著
北京：中国政法大学出版社，2018.9
ISBN 978-7-5620-8553-9

Ⅰ.①探… Ⅱ.①深… Ⅲ.①律师－工作－深圳 Ⅳ.①D926.5

中国版本图书馆CIP数据核字(2018)第214268号

书　名	探寻青年律师成长与发展之路 ——以深圳千名青年律师为调查样本 TANXUN QINGNIANLÜSHI CHENGZHANG YU FAZHAN ZHILU
出版者	中国政法大学出版社
地　址	北京市海淀区西土城路 25 号
邮　箱	fadapress@163.com
网　址	http://www.cuplpress.com（网络实名：中国政法大学出版社）
电　话	010-58908466(第七编辑部) 58908334(邮购部)
承　印	北京联兴盛业印刷股份有限公司
开　本	787mm×1092mm　1/16
印　张	13
字　数	285 千字
版　次	2018 年 9 月第 1 版
印　次	2018 年 9 月第 1 次印刷
定　价	80.00 元

探寻青年律师成长与发展之路

——以深圳千名青年律师为调查样本

编委会

策　划：林昌炽　魏汉蛟

主　编：杨　逍　王　伟

编　辑：刘　峰　陈国平　李土炎　穆　清

　　　　许文浩　肖伟东　熊　婷　徐　天

　　　　杨　波　曾艳青　王　颖

顾　问：李朝晖　许身健

序

青年律师是律师行业的基石和根脉，是律师事业改革发展之希望所在。一方面，他们思维活跃，富有激情，学习能力强，创新意识足，在服务经济社会发展、维护社会公平正义、促进社会和谐方面发挥着越来越重要的作用，是不折不扣的生力军。另一方面，刚刚入门或执业不久的青年律师，既有案源少、收入低、业务不稳定的生存困境，也有缺方向、没专业、能力提升受限的发展难题，属于行业内的弱势群体。青年律师承受着事业与生活的双重挤压，面临着执业环境与业务拓展的叠加效应，唯有"三更灯火五更鸡"的努力，经常是空中飞人或高铁常客，居无定所、食无定顿，"从不加班因为从不下班"等等，都成了律师生活特别是青年律师的"标配"。

有鉴于此，我曾说过，一个不关注青年的行业注定是一个没有前途的行业，正所谓"无青春，不未来！"律师职业更是特别注重传承，唯有如此，才能避免"未来已来无青年"的窘境。近年来，全国律协组织开展了青年律师领军人才训练营，倡导"青训有期，情谊无涯"理念，从提升青年律师素养入手，旨在带动律师队伍整体素质的提升，造就行业未来领导者。与此同时，全国各地方律协都开展了针对青年律师的培养项目，既有业务培训、技能培养，也有执业规范、职业礼仪，还有一些减免会费等关心关爱青年律师的保障措施。上述举措的唯一目的，就是帮助青年律师克服成长中的难题，促进青年律师更好地解决发展中的问题。

青年律师工作委员会是律协组织与青年律师之间的桥梁纽带，既是他们的代言人、传声筒，更要做青年律师的贴心人、暖心者。深圳市律师协会青年律师工作委员会针对全市青年律师，从业务拓展、职业培训

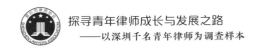

和生活保障等方面，通过线上线下综合调研得出的数据，对全市青年律师的执业现状、发展困境进行了有理有据的分析并形成报告，这不仅有助于了解掌握深圳青年律师的培养、执业发展情况，也对全国各地青年律师的健康成长，乃至律师行业整体可持续发展都大有裨益。重视青年律师，抓的是当下，传承的是根脉，面对的是未来。应当说，这份报告，虽卷尺纸牍却载赋深情，虽书生意气却拳拳之心，承载着深圳律师行业对青年律师的关怀、支持和期望。

相信深圳律师！青年已在，未来可期！

是为序。

中华全国律师协会秘书长 韩秀桃

2018 年 7 月 13 日

前　言

　　律师队伍是落实党中央依法治国基本方略、建设社会主义法治国家的重要力量，而青年律师代表着律师行业的未来，他们发展的状况直接影响着律师行业的发展。

　　为探索一条青年律师的成长与发展之路，深圳市律师协会青年律师工作委员会对全市 40 周岁以下（含 40 周岁）的专职律师在业务拓展、培训学习、生活保障三个方面的现状和愿景进行了问卷调查，并走访了深圳部分律师事务所。通过线上和线下相结合的调研，并利用大数据的交叉对比分析，进一步掌握深圳市青年律师的执业状况，了解青年律师在执业过程中面临的困境，发掘更有利于青年律师培养、发展的路径和方法，以帮助青年律师健康成长和律师队伍的可持续发展。

　　本书在编写过程中，得到了深圳市社会科学院政法研究所李朝晖所长和中国政法大学许身健教授的热心支持和参与，在此深表谢意。但由于编者的水平和经验不足，如书中对于部分数据的提炼和观点有疏漏或不当之处，欢迎批评指正。

目 录
Contents

PART 1

探寻青年律师成长与发展之路
——以深圳千名青年律师为调查样本

导 论

一、问卷调查

1. 调查对象：在深圳市律师协会注册会员的 40 周岁以下（含 40 周岁）的专职律师。

2. 调查期间：自 2017 年 10 月 25 日起至 2017 年 12 月 6 日止。

3. 回收有效问卷：1612 份。

二、律所走访

利用问卷回收期间，深圳市律师协会青年律师工作委员会分别走访了广东华商律师事务所、广东广和律师事务所、广东晟典律师事务所、北京大成（深圳）律师事务所、广东宝城律师事务所、广东淳锋律师事务所、广东深宝律师事务所、广东瀛尊律师事务所等部分律所，与青年律师和律师事务所管理者沟通交流，听取青年律师关心的问题和对律师事务所、律师协会的意见及建议。

探寻青年律师成长与发展之路
——以深圳千名青年律师为调查样本

PART 2

调研报告

调查样本基本情况

性别

选 项	小 计	比 例
男	929	57.63%
女	683	42.37%
本题有效填写人次	1612	

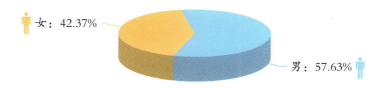

女：42.37%　　　男：57.63%

年龄

选 项	小 计	比 例
25 周岁以下	103	6.39%
26~30 周岁	612	37.97%
31~35 周岁	519	32.2%
36~40 周岁	378	23.45%
本题有效填写人次	1612	

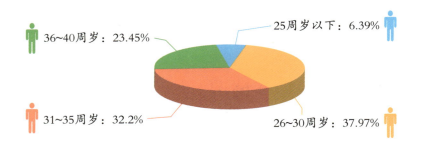

执业年限

选　项	小　计	比　例
1 年以下	354	21.96%
1~3 年	527	32.69%
4~5 年	300	18.61%
6~10 年	346	21.46%
11 年以上	85	5.27%
本题有效填写人次	1612	

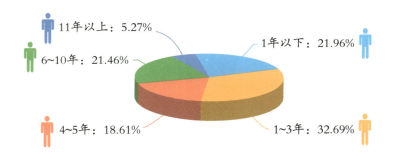

学历

选　项	小　计	比　例
本科以下	6	0.37%
本科	1218	75.56%
硕士研究生	394	24.44%
博士研究生	14	0.87%

续表

选 项	小 计	比 例
有留学经历	35	2.17%
本题有效填写人次	1612	

政治面貌

选 项	小 计	比 例
中共党员	536	33.25%
民主党派	34	2.11%
统战部认定的无党派人士	8	0.5%
共青团员	140	8.68%
群众	894	55.46%
本题有效填写人次	1612	

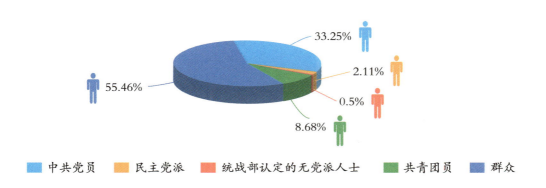

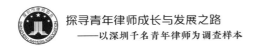

所在区域

选 项	小 计	比 例
宝安区	180	11.17%
龙岗区	154	9.55%
南山区	134	8.31%
福田区	941	58.37%
罗湖区	152	9.43%
盐田区	3	0.19%
龙华区	40	2.48%
坪山区	8	0.5%
本题有效填写人次	1612	

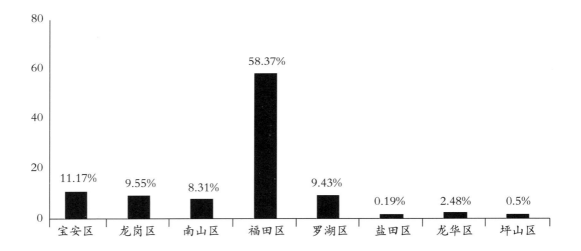

律所职位

选 项	小 计	比 例
主任	45	2.79%
执行主任或执行合伙人	34	2.11%
合伙人	257	15.94%
专职律师	1276	79.16%

续表

选 项	小 计	比 例
本题有效填写人次	1612	

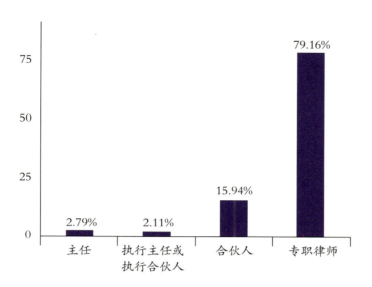

执业律所体制 >>>>

选 项	小 计	比 例
合伙制所	1362	84.49%
个人制所	98	6.08%
公司制所	72	4.47%
公司制、合伙制结合所	80	4.96%
本题有效填写人次	1612	

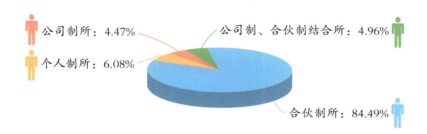

青年律师生存与发展状况

第一节 收 入

问卷调查显示，超过三成的青年律师税前年收入不足 10 万元，接近或低于深圳市当年平均工资标准；超过六成的青年律师年收入不足 20 万元；仅一成左右的青年律师年收入达到或者超过 45 万元，达到深圳律师行业 2016 年执业律师收入的平均标准。

选 项	小 计	比 例
10 万元以下	515	31.95%
10.1~20 万元	484	30.02%
20.1~25 万元	147	9.12%
25.1~30 万元	97	6.02%
30.1~35 万元	76	4.71%
35.1~40 万元	47	2.92%
40.1~45 万元	21	1.3%
45.1~50 万元	38	2.36%
50.1~55 万元	30	1.86%
55.1~60 万元	21	1.3%
60 万元以上	136	8.44%
本题有效填写人次	1612	

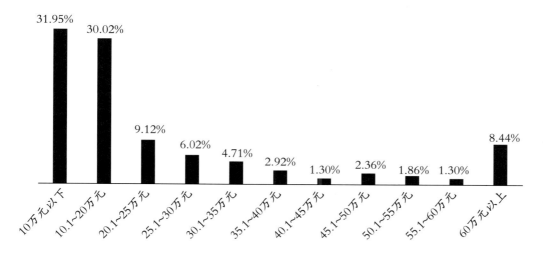

◆ 平均每年在律师事务所的税前收入

第二节　案　源

问卷调查显示，原客户和亲友介绍是青年律师最主要的案件来源，均超过一半；自寻客户、等待客户上门、指导律师或团队负责律师介绍也占较大比例。

选　项	小　计	比　例
等待客户上门	462	28.66%
自寻客户	614	38.09%
原客户介绍	863	53.54%
亲友介绍	900	55.83%
律所提供	234	14.52%
指导律师或团队负责律师提供	450	27.92%
其他律师介绍	396	24.57%
其他	26	1.61%
本题有效填写人次	1612	

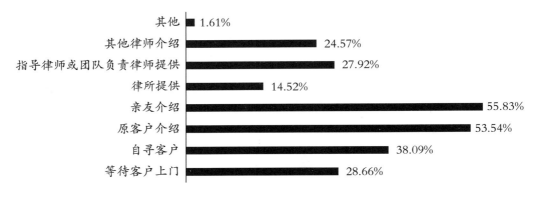

◆ 目前的案件来源

"其他"一栏填写的内容主要集中在网络推广、法务介绍、自建营销团队等。

第三节 压 力

问卷调查显示，45.1%的青年律师的主要压力来自案源压力，生活压力、业务压力和对案件结果的压力也都超过14%。

选 项	小 计	比 例
生活压力	239	14.83%
案源压力	727	45.1%
业务压力	234	14.52%
对案件结果的压力（胜诉等）	232	14.39%
处理与当事人、对方当事人、法官等关系的压力	134	8.31%
其他	46	2.85%
本题有效填写人次	1612	

◆ 青年律师压力来源

"其他"一栏填写的内容主要集中为对自我能力提升的压力，平衡家庭与工作关系的压力，律所发展和团队管理，执业环境的压力等。

第四节　工作时间

问卷调查显示，38.59%的青年律师每天工作时间超过八小时，超过四分之一的青年律师随业务多少工作时间不确定。

选　项	小　计	比　例
每天基本超过 8 小时，经常加班加点	622	38.59%
一般不超过 8 小时	330	20.47%
业务不多，工作时间较为宽裕	252	15.63%
不确定，时忙时闲	408	25.31%
本题有效填写人次	1612	

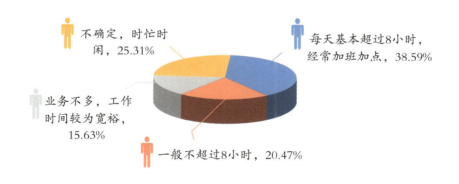

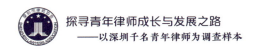

第五节　参加培训

问卷调查显示，超过四成的青年律师每年参加培训学习的时间超过 50 小时。

选　项	小　计	比　例
50 小时以下	963	59.74%
51 小时~100 小时	554	34.37%
101 小时以上	95	5.89%
本题有效填写人次	1612	

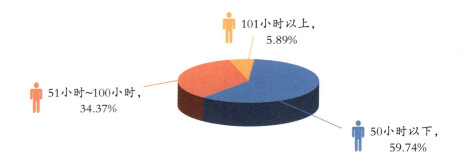

问卷调查显示，九成以上的青年律师参与过深圳市律协主办的培训，56%以上的青年律师参加过本所主办的培训。

选　项	小　计	比　例
本所	909	56.39%
深圳市律协	1461	90.63%
政府部门	194	12.03%
商业培训组织	536	33.25%
公益机构	342	21.22%
其他	112	6.95%
本题有效填写人次	1612	

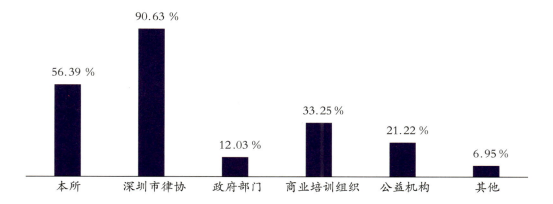

◆ 参与的培训主要由哪些组织举办

"其他"一栏填写的内容主要集中为学校、学会、其他律所等。

第六节　发表专业文章

问卷调查显示，九成以上的青年律师执业以来没有在相关杂志上发表过法律专业文章。

选　项	小　计	比　例
没有	1477	91.63%
1~3篇	114	7.07%
4~6篇	10	0.62%
7篇以上	11	0.68%
本题有效填写人次	1612	

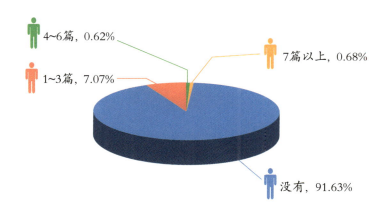

第七节　执业状态

问卷调查显示，独立执业的青年律师超过六成；授薪律师占二成左右；授薪基础上接案不受限制的律师占14%左右。

选　项	小　计	比　例
独立执业	1009	62.59%
授薪律师	342	21.22%
授薪基础上，接案不受限制	232	14.39%
其他	29	1.8%
本题有效填写人次	1612	

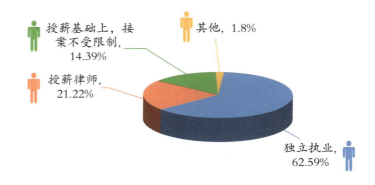

第八节　业务类型

问卷调查显示，诉讼业务和综合业务占青年律师业务的84.12%。

选　项	小　计	比　例
诉讼业务	699	43.36%
非诉业务	182	11.29%
综合性	657	40.76%
根据律所和指导律师的分配决定	74	4.59%
本题有效填写人次	1612	

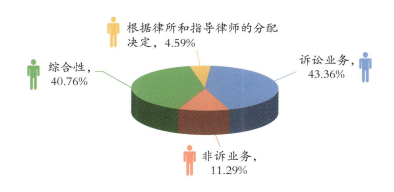

根据律所和指导律师的分配
决定，4.59%

综合性，
40.76%

诉讼业务，
43.36%

非诉业务，
11.29%

第九节 客户类型

问卷调查显示，青年律师的主要客户是个人类客户，占 47.58%；其次是中小企事业单位，占 29.28%。

选 项	小 计	比 例
个人类客户占多数	767	47.58%
中小企事业单位占多数	472	29.28%
大型企事业单位占多数	131	8.13%
政府机构占多数	26	1.61%
各种类型客户差不多	189	11.72%
其他	27	1.67%
本题有效填写人次	1612	

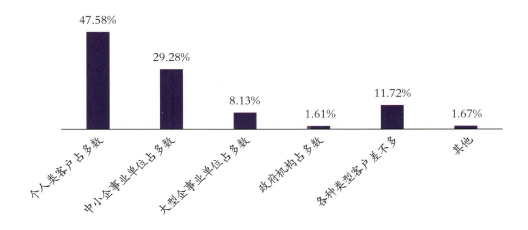

◆ 客户类型情况

第十节　业务宣传推广方式

问卷调查显示，42.18%的青年律师通过微信（微信公众号、微信小程序）进行业务宣传推广，但也有超过四成的青年律师没有进行宣传推广。

选　　项	小　　计	比　　例
博客	62	3.85%
微博	105	6.51%
微信（微信公众号、微信小程序）	680	42.18%
个人网站	142	8.81%
律所网站	238	14.76%
律师推广类网站	178	11.04%
报刊、广播电视	22	1.36%
其他	109	6.76%
无	669	41.5%
本题有效填写人次	1612	

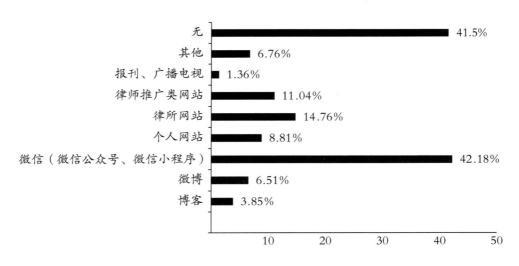

◆ 进行业务宣传推广的方式

"其他"一栏填写的内容主要集中为社交活动、朋友介绍、律所安排、团队营销、免费提供法律咨询、授课等。

第十一节　薪资方式

　　问卷调查显示，青年律师取得薪资的最主要方式是扣除管理费和税费后余额归己，占55.96%；授薪和授薪加业务提成也各接近二成；完全为业务提成的仅占4.78%。

选　项	小　计	比　例
授薪（固定收入）	295	18.3%
授薪加业务提成	314	19.48%
业务提成	77	4.78%
扣除管理费和税费后，余额归己	902	55.96%
其他	24	1.49%
本题有效填写人次	1612	

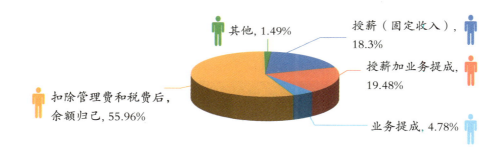

　　"其他"一栏填写的内容主要集中为绩点制、授薪加分红、授薪加年终奖。

第十二节　参加公益活动

　　问卷调查显示，超过六成的青年律师曾经参加过公益活动，近四成的青年律师没有参加过公益活动。

选　项	小　计	比　例
是	974	60.42%
否	638	39.58%
本题有效填写人次	1612	

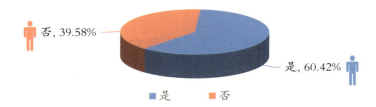

同时，问卷调查显示，青年律师参加公益活动的最主要方式是提供法律援助，接近六成，参加其他公益活动也均在三成左右。

选　项	小　计	比　例
主动参加公益组织	401	41.17%
帮助弱势群体并捐款捐物	332	34.09%
提供法律援助	579	59.45%
参加律协或律所安排的公益活动	361	37.06%
其他形式的公益活动	281	28.85%
本题有效填写人次	974	

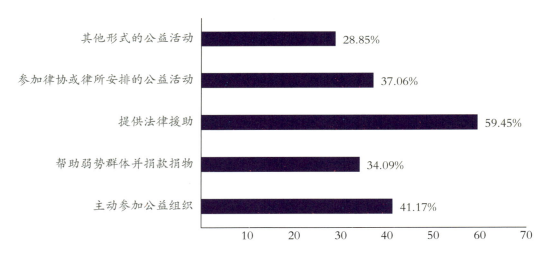

◆ 参与公益活动的主要方式

第十三节　办理法律援助案件

　　问卷调查显示，74.5%的青年律师愿意承办法律援助案件，但77.11%的青年律师没有办理过法律援助案件。

选　项	小　计	比　例
5件以上	139	8.62%
2~4件	139	8.62%
1件	91	5.65%
未办理	1243	77.11%
本题有效填写人次	1612	

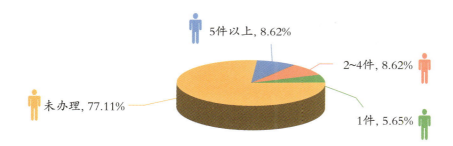

第三章　影响青年律师发展的主要因素

第一节　影响收入的因素

问卷调查显示，超过五成的青年律师对于目前的收入不满意。

满意：5.27%

不满意：55.09%

基本满意：39.64%

◆ 青年律师对目前收入水平满意度比例图

　　课题组将青年律师最近三年平均每年在律师事务所的税前收入（包括诉讼业务和非诉讼业务）的数据统计分别与青年律师的性别、年龄、执业年限、执业状态、执业类型、薪资方式等各方面进行了交叉对比。经过分析可以发现，以下因素可能对青年律师的收入产生一定的影响。

收入与性别

X\Y	10万元以下	10.1~20万元	20.1~25万元	25.1~30万元	30.1~35万元	35.1~40万元	40.1~45万元	45.1~50万元	50.1~55万元	55.1~60万元	60万元以上	小计
男	29.06%	28.09%	8.93%	6.57%	4.95%	3.44%	1.29%	2.8%	1.83%	1.61%	11.41%	929
女	35.87%	32.65%	9.37%	5.27%	4.39%	2.2%	1.32%	1.76%	1.9%	0.88%	4.39%	683

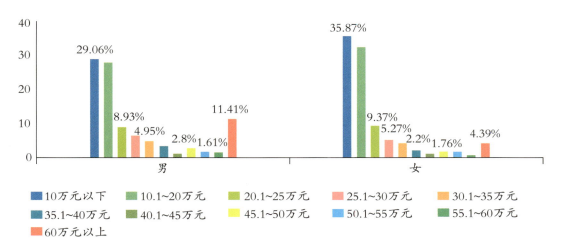

◆ 青年律师最近三年平均税前收入与性别交叉对比图

问卷调查显示，最近三年税前平均年收入在 20 万元以下的青年律师中女律师占比超过男律师十个百分点，在年收入为 60 万元以上的青年律师中，男律师占比是女律师的 2.6 倍。

收入与年龄 》》》

X \ Y	10 万元以下	10.1~20万元	20.1~25万元	25.1~30万元	30.1~35万元	35.1~40万元	40.1~45万元	45.1~50万元	50.1~55万元	55.1~60万元	60 万元以上	小计
25 周岁以下	75.73%	17.48%	2.91%	1.94%	1.94%	0%	0%	0%	0%	0%	0%	103
26~30 周岁	43.79%	37.09%	7.52%	3.43%	2.12%	1.31%	0.82%	0.65%	0.33%	0.16%	2.78%	612
31~35 周岁	20.81%	29.87%	12.33%	7.51%	7.13%	4.05%	1.93%	3.08%	1.73%	2.31%	9.25%	519
36~40 周岁	16.14%	22.22%	8.99%	9.26%	6.35%	4.76%	1.59%	4.76%	5.03%	2.12%	18.78%	378

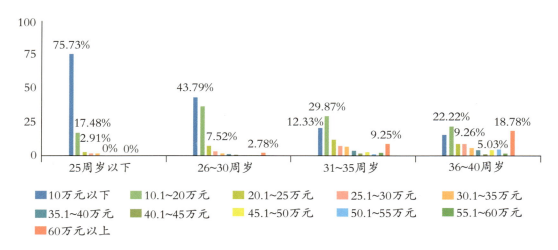

◆ 青年律师最近三年平均税前收入与年龄交叉对比图

问卷调查显示，75%的25周岁以下的青年律师年收入是10万元以下，年收入在35万以上人数为0。随着年龄的增长，青年律师年收入是10万以下的人数比例越来越少，分布在较高收入的人数比例越来越多，可见青年律师年龄的增长与收入的增加呈现正比关系。

收入与执业年限

X＼Y	10万元以下	10.1~20万元	20.1~25万元	25.1~30万元	30.1~35万元	35.1~40万元	40.1~45万元	45.1~50万元	50.1~55万元	55.1~60万元	60万元以上	小计
1年以下	66.67%	24.01%	4.24%	1.41%	0.56%	0.28%	0%	0.85%	0.56%	0%	1.41%	354
1~3年	34.16%	45.16%	9.3%	3.8%	2.09%	1.14%	0.38%	0.57%	0.19%	0.19%	3.04%	527
4~5年	21.33%	28.33%	13%	10.33%	6.33%	5%	2.33%	2.67%	2%	1.33%	7.33%	300
6~10年	8.96%	19.36%	12.14%	9.54%	10.98%	5.49%	3.47%	5.2%	4.05%	2.89%	17.92%	346
11年以上	4.71%	10.59%	2.35%	9.41%	7.06%	7.06%	0%	7.06%	8.24%	7.06%	36.47%	85

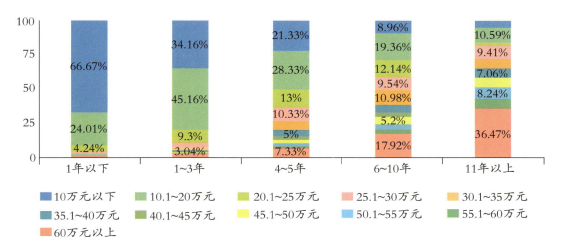

◆ 青年律师最近三年平均税前收入与执业年限交叉对比图

问卷调查显示，受访的执业年限为 1 年以下的青年律师中有 2/3 的年收入在 10 万元以下，超过九成收入不足 20 万元；而执业 1~3 年的青年律师年收入为 10 万元以下的数量降为 34.16%，年收入为 20 万以下的总共为 79.32%；执业 4~5 年的青年律师，年收入 20 万元以下的已不到 50%；执业 11 年以上的律师有 36.47% 的年收入高于 60 万。随着执业年限的增长，高收入的比例越来越高。

收入与学历

X \ Y	10 万元以下	10.1~20万元	20.1~25万元	25.1~30万元	30.1~35万元	35.1~40万元	40.1~45万元	45.1~50万元	50.1~55万元	55.1~60万元	60万元以上	小计
本科以下	33.33%	33.33%	16.67%	0%	0%	0%	0%	0%	0%	0%	16.67%	6
本科	33.09%	31.53%	8.62%	5.99%	4.43%	2.71%	1.15%	2.13%	2.05%	1.15%	7.14%	1218
硕士研究生	27.92%	27.16%	10.41%	5.58%	5.33%	3.81%	1.78%	2.79%	1.78%	1.52%	11.93%	394
博士研究生	14.29%	14.29%	7.14%	14.29%	7.14%	0%	0%	7.14%	0%	7.14%	28.57%	14
有留学经历	31.43%	31.43%	8.57%	8.57%	5.71%	0%	0%	0%	0%	0%	14.29%	35

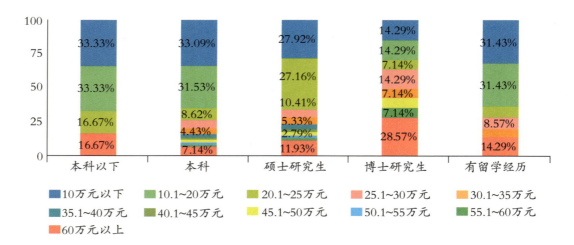

◆ 青年律师最近三年平均税前收入与学历交叉对比图

问卷调查显示，受访的青年律师中学历为本科以下、本科、硕士研究生的青年律师收入分布情况差别不大，而本科以下学历的青年律师年收入在60万以上的比例比本科和硕士研究生学历的青年律师比例更高。 但整体而言，学历为博士研究生的青年律师获得较高收入的比例最高；而有留学经历与没有留学经历的本科青年律师收入分布情况相近，但收入在60万以上的比例较高，可见留学经历对获得较高收入有一定助力。

收入与执业状态

X ＼ Y	10万元以下	10.1~20万元	20.1~25万元	25.1~30万元	30.1~35万元	35.1~40万元	40.1~45万元	45.1~50万元	50.1~55万元	55.1~60万元	60万元以上	小计
独立执业	21.8%	26.56%	11.5%	7.53%	6.34%	3.77%	1.78%	3.67%	2.78%	1.88%	12.39%	1009
授薪律师	51.46%	32.75%	6.73%	2.92%	2.05%	1.46%	0.88%	0%	0%	0.29%	1.46%	342
授薪基础上，接案不受限制	44.4%	41.81%	3.45%	4.74%	1.72%	1.72%	0%	0.43%	0.86%	0.43%	0.43%	232
其他	55.17%	24.14%	0%	0%	3.45%	0%	0%	0%	0%	0%	17.24%	29

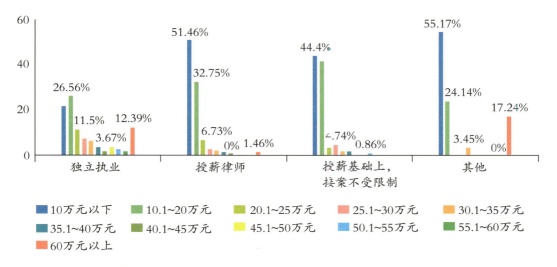

◆ 青年律师最近三年平均税前收入与执业状态交叉对比图

问卷调查显示，独立执业的青年律师收入在 10 万元以下的比例最低，年收入低于 20 万的不到一半；授薪的青年律师超过半数的年收入在 10 万元以下，低于 20 万的总数接近 85%；授薪基础上接案不受限制的青年律师也有超过八成不到 20 万，且绝大多数授薪的青年律师的年收入基本上限在 45 万元以内。 收入超过 60 万的青年律师绝大多数为独立执业律师或其他律师。

收入与从事业务类型 〉〉〉〉

X＼Y	10 万元以下	10.1～20万元	20.1～25万元	25.1～30万元	30.1～35万元	35.1～40万元	40.1～45万元	45.1～50万元	50.1～55万元	55.1～60万元	60 万元以上	小计
诉讼业务	36.34%	31.04%	10.01%	6.29%	4.15%	1.72%	0.86%	2%	1.29%	0.57%	5.72%	699
非诉业务	22.53%	31.87%	9.34%	4.95%	5.49%	5.49%	1.65%	1.65%	2.75%	2.2%	12.09%	182
综合性	26.18%	29.38%	8.52%	6.39%	5.63%	3.81%	1.83%	3.2%	2.44%	1.98%	10.65%	657
根据律所和指导律师的分配决定	64.86%	21.62%	5.41%	2.7%	0%	0%	0%	0%	0%	0%	5.41%	74

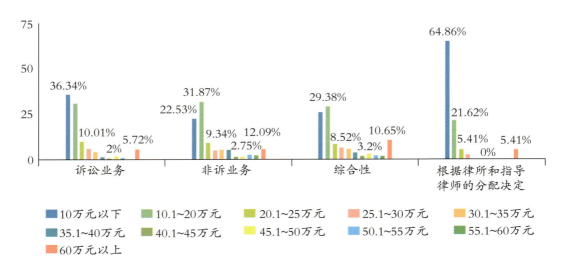

◆ 青年律师最近三年平均税前收入与业务类型交叉对比图

问卷调查显示，主要从事非诉业务和综合业务的青年律师取得较高收入的比例高于主要从事诉讼业务和律所指派业务的青年律师；主要依靠律所指派业务的青年律师近65%的收入低于10万元。

收入与客户类型

X \ Y	10万元以下	10.1~20万元	20.1~25万元	25.1~30万元	30.1~35万元	35.1~40万元	40.1~45万元	45.1~50万元	50.1~55万元	55.1~60万元	60万元以上	小计
个人类客户占多数	41.2%	31.16%	9.65%	4.69%	3.65%	1.83%	1.04%	1.83%	1.17%	0.78%	3%	767
中小企事业单位占多数	21.19%	27.12%	9.75%	8.05%	6.36%	4.66%	1.91%	2.97%	3.18%	1.91%	12.92%	472
大型企事业单位占多数	17.56%	34.35%	9.16%	7.63%	5.34%	3.05%	1.53%	0%	0%	0.76%	20.61%	131
政府机构占多数	50%	34.62%	3.85%	0%	0%	0%	0%	3.85%	0%	0%	7.69%	26
各种类型客户差不多	26.46%	30.16%	7.41%	6.35%	5.29%	3.7%	1.06%	4.76%	2.65%	2.65%	9.52%	189

续表

X\Y	10万元以下	10.1~20万元	20.1~25万元	25.1~30万元	30.1~35万元	35.1~40万元	40.1~45万元	45.1~50万元	50.1~55万元	55.1~60万元	60万元以上	小计
其他	48.15%	22.22%	0%	3.7%	3.7%	0%	0%	0%	3.7%	0%	18.52%	27

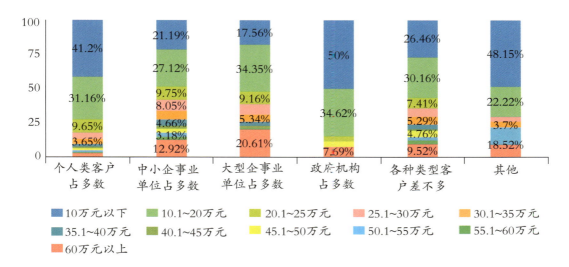

◆ 青年律师最近三年平均税前收入与客户类型交叉对比图

问卷调查显示，以企事业单位为主要客户（特别是大型企事业单位）的青年律师获得较高收入的比例较高，以个人客户和政府机构为主要客户的青年律师获得较高收入的比例较低。

收入与律师是否有其他专业资质 ▷▷▷

X\Y	10万元以下	10.1~20万元	20.1~25万元	25.1~30万元	30.1~35万元	35.1~40万元	40.1~45万元	45.1~50万元	50.1~55万元	55.1~60万元	60万元以上	小计
金融、财务类（注册会计师、注册税务师、注册评估师等）	25.93%	24.07%	10.19%	10.19%	7.41%	1.85%	0.93%	4.63%	1.85%	2.78%	10.19%	108

续表

X\Y	10万元以下	10.1~20万元	20.1~25万元	25.1~30万元	30.1~35万元	35.1~40万元	40.1~45万元	45.1~50万元	50.1~55万元	55.1~60万元	60万元以上	小计
外语类（如专业八级、口译证书等）	29.27%	30.49%	9.76%	7.32%	7.32%	2.44%	2.44%	2.44%	0%	0%	8.54%	82
知识产权类（如专利代理人资格等）	31.43%	28.57%	8.57%	0%	8.57%	2.86%	2.86%	2.86%	0%	0%	14.29%	35
其他	29.19%	30.43%	11.18%	9.32%	2.48%	3.11%	1.24%	0.62%	0.62%	1.86%	9.94%	161
没有	32.62%	30.4%	8.97%	5.32%	4.6%	3.1%	1.27%	2.3%	2.14%	1.19%	8.1%	1260

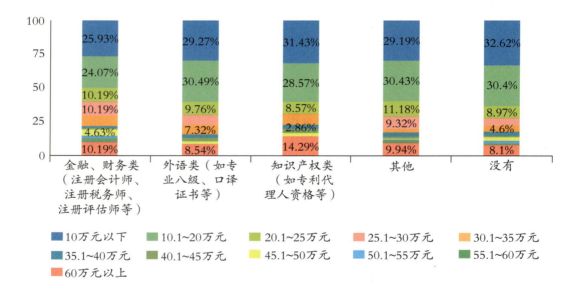

◆ 青年律师最近三年平均税前收入与具有其他专业资质交叉对比图

问卷调查显示，对比没有其他专业资质的青年律师，有其他专业资质的青年律师获得较高收入的比例较高，具有一定优势，特别是知识产权类和金融会计类。

收入与执业前是否从事其他工作

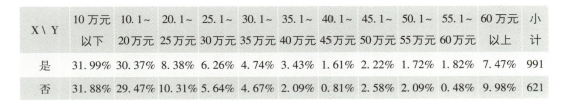

X \ Y	10万元以下	10.1~20万元	20.1~25万元	25.1~30万元	30.1~35万元	35.1~40万元	40.1~45万元	45.1~50万元	50.1~55万元	55.1~60万元	60万元以上	小计
是	31.99%	30.37%	8.38%	6.26%	4.74%	3.43%	1.61%	2.22%	1.72%	1.82%	7.47%	991
否	31.88%	29.47%	10.31%	5.64%	4.67%	2.09%	0.81%	2.58%	2.09%	0.48%	9.98%	621

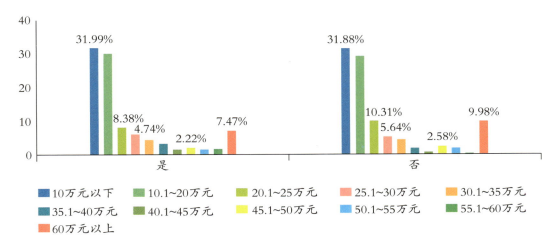

◆ 青年律师最近三年平均税前收入与执业前是否从事其他工作交叉对比图

问卷调查显示，是否曾从事非律师职业对青年律师的收入影响不大。

收入与薪资方式

X \ Y	10万元以下	10.1~20万元	20.1~25万元	25.1~30万元	30.1~35万元	35.1~40万元	40.1~45万元	45.1~50万元	50.1~55万元	55.1~60万元	60万元以上	小计
授薪（固定收入）	55.59%	31.19%	6.44%	1.69%	2.03%	1.36%	1.02%	0%	0%	0%	0.68%	295
授薪加业务提成	42.99%	37.9%	6.37%	5.41%	1.27%	0.96%	0%	0.32%	0.96%	0.64%	3.18%	314
业务提成	35.06%	31.17%	10.39%	6.49%	1.3%	6.49%	1.3%	1.3%	1.3%	1.3%	3.9%	77

续表

X＼Y	10万元以下	10.1~20万元	20.1~25万元	25.1~30万元	30.1~35万元	35.1~40万元	40.1~45万元	45.1~50万元	50.1~55万元	55.1~60万元	60万元以上	小计
扣除管理费和税费后，余额归己	20.18%	27.16%	10.98%	7.54%	7.21%	3.77%	1.88%	3.88%	2.77%	2%	12.64%	902
其他	29.17%	16.67%	4.17%	8.33%	0%	4.17%	0%	4.17%	4.17%	0%	29.17%	24

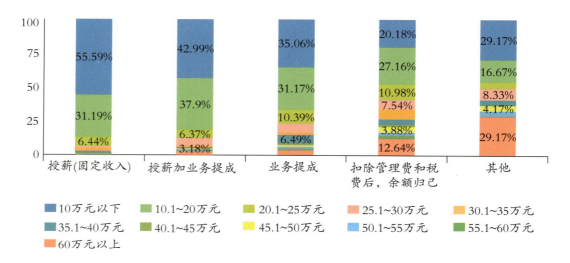

◆ 青年律师最近三年平均税前收入与薪资方式交叉对比图

问卷调查显示，授薪和授薪加业务提成的青年律师获得较高收入的比例低，扣除管理费和税费后余额归己的青年律师获得较高收入的比例远远高于授薪律师。

收入与参加培训情况 ▷▷▷

X＼Y	10万元以下	10.1~20万元	20.1~25万元	25.1~30万元	30.1~35万元	35.1~40万元	40.1~45万元	45.1~50万元	50.1~55万元	55.1~60万元	60万元以上	小计
50小时以下	35.93%	30.01%	9.35%	5.82%	4.36%	2.7%	0.93%	2.28%	1.35%	1.14%	6.13%	963
51小时~100小时	27.44%	32.13%	8.66%	5.78%	5.42%	3.07%	1.81%	2.35%	2.53%	1.81%	9.03%	554

续表

X \ Y	10万元以下	10.1~20万元	20.1~25万元	25.1~30万元	30.1~35万元	35.1~40万元	40.1~45万元	45.1~50万元	50.1~55万元	55.1~60万元	60万元以上	小计
101小时以上	17.89%	17.89%	9.47%	9.47%	4.21%	4.21%	2.11%	3.16%	3.16%	0%	28.42%	95

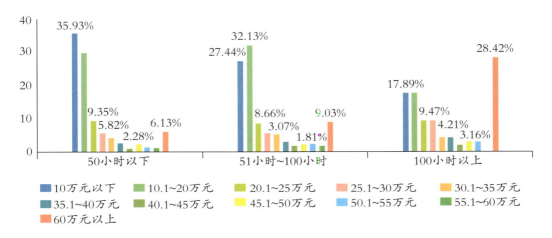

◆ 青年律师最近三年平均税前收入与参加培训时间交叉对比图

问卷调查显示，青年律师的收入与其参加培训的时间呈正比关系。

受访的青年律师中，每年参加培训的时间在 101 个小时以上的青年律师只有 95 人，但 28.42%的收入在 60 万元以上。可见，收入水平越高的青年律师，越重视职业（执业）培训；而通过参加职业（执业）培训，提升自身的业务能力，又进一步促进了收入的提高。

收入与是否发表论文 ▶▶▶

X \ Y	10万元以下	10.1~20万元	20.1~25万元	25.1~30万元	30.1~35万元	35.1~40万元	40.1~45万元	45.1~50万元	50.1~55万元	55.1~60万元	60万元以上	小计
没有	33.04%	31.35%	9.34%	5.75%	4.33%	2.78%	1.22%	2.1%	1.83%	1.29%	6.97%	1477
1~3 篇	21.05%	15.79%	7.02%	10.53%	7.89%	4.39%	2.63%	5.26%	2.63%	1.75%	21.05%	114
4~6 篇	30%	10%	10%	0%	10%	0%	0%	10%	0%	0%	30%	10
7 篇以上	0%	18.18%	0%	0%	18.18%	9.09%	0%	0%	0%	0%	54.55%	11

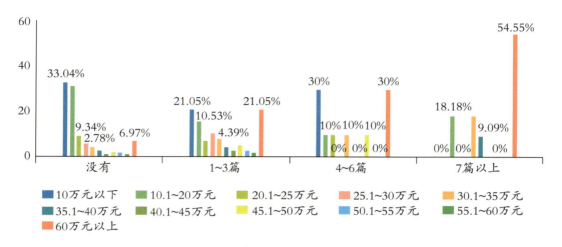

◆ 青年律师最近三年平均税前收入与发表专业论文交叉对比图

问卷调查显示，受访的青年律师中，有发表法律专业文章的青年律师获得较高收入的人数比例高于从来没发表过法律专业文章的律师，证明青年律师积极发表法律专业文章，对于提高收入水平具有促进作用。

收入与宣传推广

（1） 宣传推广对青年律师的收入影响不明显。

X \ Y	10万元以下	10.1~20万元	20.1~25万元	25.1~30万元	30.1~35万元	35.1~40万元	40.1~45万元	45.1~50万元	50.1~55万元	55.1~60万元	60万元以上	小计
博客	40.32%	20.97%	9.68%	4.84%	3.23%	1.61%	0.00%	4.84%	6.45%	1.61%	6.45%	62
微博	40.00%	24.76%	9.52%	9.52%	2.86%	0.95%	0.95%	0.95%	4.76%	0.00%	5.71%	105
微信（微信公众号、微信小程序）	33.53%	31.47%	9.26%	5.74%	4.56%	2.50%	1.03%	2.06%	1.62%	1.32%	6.91%	680
个人网站	26.06%	26.06%	14.79%	7.04%	7.75%	2.11%	1.41%	2.82%	2.82%	1.41%	7.75%	142
律所网站	26.89%	30.67%	11.76%	6.72%	5.04%	2.10%	1.26%	2.10%	1.68%	0.84%	10.92%	238
律师推广类网站	23.60%	33.71%	14.04%	9.55%	4.49%	4.49%	0.00%	2.25%	2.25%	0.56%	5.06%	178

续表

X \ Y	10万元以下	10.1~20万元	20.1~25万元	25.1~30万元	30.1~35万元	35.1~40万元	40.1~45万元	45.1~50万元	50.1~55万元	55.1~60万元	60万元以上	小计
报刊、广播电视	31.82%	18.18%	4.55%	0.00%	4.55%	9.09%	4.55%	4.55%	4.55%	0%	18.18%	22
其他	23.85%	32.11%	7.34%	5.50%	2.75%	0%	1.83%	6.42%	0%	3.67%	16.51%	109
无	31.24%	30.04%	7.77%	5.23%	4.48%	3.59%	1.79%	2.54%	2.54%	1.35%	9.42%	669

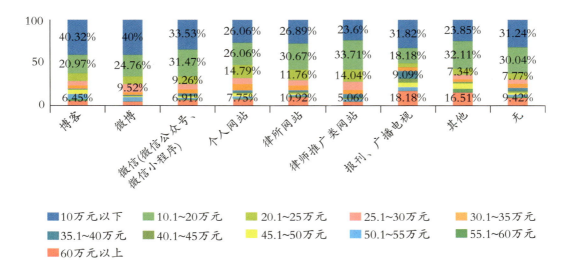

◆ 青年律师的宣传推广方式与最近三年平均税前收入交叉对比图

问卷调查显示，收入在 20 万元以下的青年律师，选择各种传媒方式进行宣传推广的比例高于收入在 20 万元以上的青年律师，说明有较多收入在 20 万元以下的青年律师会通过各种方式进行宣传推广；但同时也要注意到，在未进行业务宣传推广方式的青年律师中，收入在 20 万元以下的青年律师人数也较多，说明目前的宣传推广方式对青年律师的收入影响不明显。

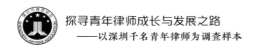
（2）不同收入的青年律师群体对于宣传推广方式的偏好各有不同。

X＼Y	博客	微博	微信（微信公众号、微信小程序）	个人网站	律所网站	律师推广类网站	报刊、广播电视	其他	无	小计
10万元以下	4.85%	8.16%	44.27%	7.18%	12.43%	8.16%	1.36%	5.05%	40.58%	515
10.1~20万元	2.69%	5.37%	44.21%	7.64%	15.08%	12.4%	0.83%	7.23%	41.53%	484
20.1~25万元	4.08%	6.8%	42.86%	14.29%	19.05%	17.01%	0.68%	5.44%	35.37%	147
25.1~30万元	3.09%	10.31%	40.21%	10.31%	16.49%	17.53%	0%	6.19%	36.08%	97
30.1~35万元	2.63%	3.95%	40.79%	14.47%	15.79%	10.53%	1.32%	3.95%	39.47%	76
35.1~40万元	2.13%	2.13%	36.17%	6.38%	10.64%	17.02%	4.26%	0%	51.06%	47
40.1~45万元	0%	4.76%	33.33%	9.52%	14.29%	0%	4.76%	9.52%	57.14%	21
45.1~50万元	7.89%	2.63%	36.84%	10.53%	13.16%	10.53%	2.63%	18.42%	44.74%	38
50.1~55万元	13.33%	16.67%	36.67%	13.33%	13.33%	13.33%	3.33%	0%	56.67%	30
55.1~60万元	4.76%	0%	42.86%	9.52%	9.52%	4.76%	0%	19.05%	42.86%	21
60万元以上	2.94%	4.41%	34.56%	8.09%	19.12%	6.62%	2.94%	13.24%	46.32%	136

问卷调查显示，微信成为青年律师宣传推广的主要方式，占比约40%。但随着收入的增加，青年律师的业务拓展宣传推广方式呈现多元化。

（3）在收入水平没有超过35万元之前，进行业务宣传推广能够对青年律师的收入具有一定的促进作用，但自我宣传推广与提高青年律师收入之间没有必然联系。

如果再将微信和无宣传推广的青年律师收入进行交叉对比，可以发现，收入在35万元以下的青年律师中，用微信进行宣传推广的青年律师收入高于未进行业务宣传推广方式的青年律师；收入在35.1万元以上两者比例出现了反转，而且占比差距较上个区间明显拉大，只是在55.1万元~60万元区间的青年律师群体中，用微信进行宣传推广的青年律师收入与未进行业务宣传推广方式的青年律师人数比为42.86%。

◆ 青年律师最近三年平均税前收入与微信、有无宣传推广交叉对比图

（4）如果以没有进行业务宣传的 41.5% 的青年律师为对象，将青年律师用何种方式进行业务宣传推广与最近三年的平均收入（税前）进行交叉对比，可以发现，收入在 20.1 万元~35 万元之间的青年律师更重视业务宣传，而收入在 35.1 万元以上的青年律师没有进行业务宣传的比例较高。

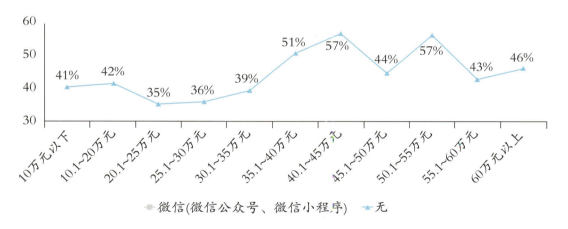

◆ 青年律师最近三年平均税前收入与无宣传推广交叉对比图

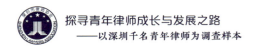

收入与律所规模

X\Y	10万元以下	10.1~20万元	20.1~25万元	25.1~30万元	30.1~35万元	35.1~40万元	40.1~45万元	45.1~50万元	50.1~55万元	55.1~60万元	60万元以上	小计
101人以上	26.57%	31.8%	9.41%	4.18%	5.44%	3.14%	1.88%	2.3%	1.26%	2.72%	11.3%	478
51~100人	28.09%	29.01%	8.64%	6.79%	5.56%	4.01%	1.54%	2.78%	2.16%	1.23%	10.19%	324
31~50人	30%	30.95%	10.48%	8.57%	8.1%	3.33%	1.43%	1.43%	0.95%	0%	4.76%	210
11~30人	37.06%	30.96%	8.63%	7.11%	2.54%	2.54%	0.76%	1.78%	1.52%	1.02%	6.09%	394
10人以下	42.72%	24.76%	8.74%	4.37%	2.43%	0.97%	0.49%	3.88%	4.37%	0%	7.28%	206

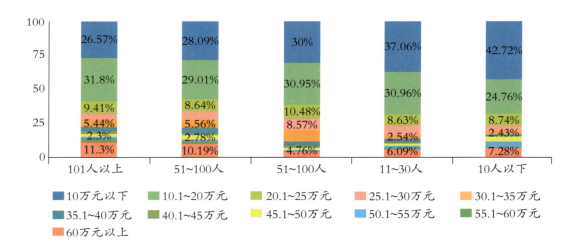

◆ 青年律师最近三年平均税前收入与律所人数规模交叉对比图

问卷调查显示，在收入 10 万元以下的青年律师人群中，就职于 10 人以下律所规模的青年律师比例高于其他规模的律所，在收入为 10.1 万元~20 万元区间的青年律师人群中，就职于 101 人以上律所规模的青年律师占比略高于就职于其他律所规模；在收入为 60 万元以上的青年律师人群中，就职于 51 人以上律所规模的青年律师比例较高。

收入与律所体制 ▶▶▶

X＼Y	10万元以下	10.1～20万元	20.1～25万元	25.1～30万元	30.1～35万元	35.1～40万元	40.1～45万元	45.1～50万元	50.1～55万元	55.1～60万元	60万元以上	小计
合伙制所	30.84%	30.03%	9.32%	6.53%	4.63%	2.94%	1.4%	2.42%	1.54%	1.47%	8.88%	1362
个人制所	46.94%	28.57%	5.1%	2.04%	4.08%	2.04%	0%	3.06%	5.1%	0%	3.06%	98
公司制所	31.94%	27.78%	13.89%	2.78%	8.33%	2.78%	2.78%	1.39%	0%	0%	8.33%	72
公司制、合伙制结合所	32.5%	33.75%	6.25%	5%	3.75%	3.75%	0%	1.25%	5%	1.25%	7.5%	80

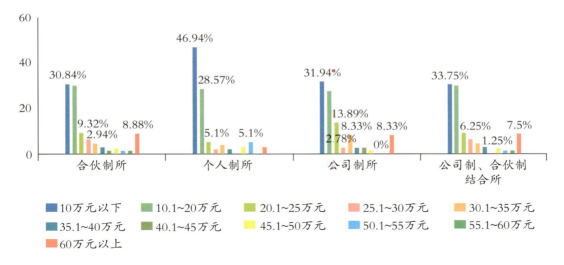

◆ 青年律师最近三年平均税前收入与律所体制交叉对比图

调查问卷显示，个人律所较低收入的青年律师占比较高，而在公司制及公司与合伙制结合律所的青年律师收入情况分布与传统的合伙制律所的差别不大。

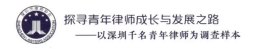

收入与所在区域

X \ Y	10万元以下	10.1~20万元	20.1~25万元	25.1~30万元	30.1~35万元	35.1~40万元	40.1~45万元	45.1~50万元	50.1~55万元	55.1~60万元	60万元以上	小计
宝安区	33.33%	31.67%	6.67%	6.11%	5.56%	2.78%	1.67%	1.67%	0.56%	0.56%	9.44%	180
龙岗区	37.66%	25.32%	7.79%	7.14%	5.84%	2.6%	1.3%	2.6%	1.95%	0.65%	7.14%	154
南山区	44.03%	24.63%	8.21%	5.22%	2.99%	1.49%	2.24%	5.22%	2.99%	0.75%	2.24%	134
福田区	28.16%	30.5%	9.99%	6.06%	4.68%	3.08%	1.17%	2.23%	2.13%	1.91%	10.1%	941
罗湖区	36.18%	33.55%	8.55%	5.92%	4.61%	4.61%	1.32%	1.97%	0%	0%	3.29%	152
盐田区	33.33%	66.67%	0%	0%	0%	0%	0%	0%	0%	0%	0%	3
龙华区	37.5%	32.5%	12.5%	5%	5%	0%	0%	0%	2.5%	0%	5%	40
坪山区	25%	25%	0%	0%	0%	0%	0%	0%	12.5%	0%	37.5%	8

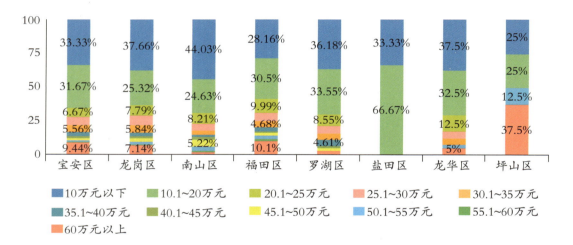

◆ 青年律师最近三年平均税前收入与律师所在区域交叉对比图

　　鉴于盐田区和坪山区回收问卷样本太少不具有代表性，课题组仅就其他各区的数据进行分析。如果将福田区之外其他区域进行交叉对比，可以发现，宝安区、罗湖区、龙岗区之间在收入30万元以下区间的差距不大；南山区青年律师收入在40.1万元~55万元区间的占比略高于其他区域；年收入为60万元以上的青年律师人群中，宝安区领先其他行政区的青年律师。整体而言，福田区、宝安区、龙岗区青年律师获得较高收入的比例较高。

收入与律所业务特点 »»»

X＼Y	10万元以下	10.1~20万元	20.1~25万元	25.1~30万元	30.1~35万元	35.1~40万元	40.1~45万元	45.1~50万元	50.1~55万元	55.1~60万元	60万元以上	小计
综合性业务	31.73%	29.51%	9.69%	6.07%	4.44%	2.81%	1.48%	2.51%	1.78%	1.41%	8.58%	1352
专业性业务	23.47%	41.33%	6.12%	7.65%	6.12%	4.08%	0.51%	1.02%	1.02%	1.02%	7.65%	196
非诉业务	27.27%	35.83%	6.95%	6.42%	4.28%	2.14%	0.53%	2.67%	1.6%	2.14%	10.16%	187
诉讼业务	33.24%	32.95%	9.54%	4.05%	4.05%	3.18%	1.16%	3.18%	1.73%	0.29%	6.65%	346

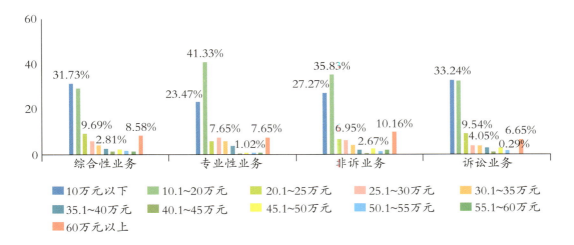

◆ 青年律师最近三年平均税前收入与律所业务特点交叉对比图

问卷调查显示，在主营专业性业务和主营非诉业务的律所执业的青年律师收入在10万元以下的比例最少；在主营非诉业务的律所执业的青年律师收入在60万元以上的比例最高。

收入与律所对青年律师的指导情况 »»»

X＼Y	10万元以下	10.1~20万元	20.1~25万元	25.1~30万元	30.1~35万元	35.1~40万元	40.1~45万元	45.1~50万元	50.1~55万元	55.1~60万元	60万元以上	小计
长期积极指导、帮助拓展案源	26.94%	29.17%	8.06%	5.28%	4.44%	3.06%	1.39%	2.78%	2.5%	1.11%	15.28%	360

续表

X \ Y	10万元以下	10.1~20万元	20.1~25万元	25.1~30万元	30.1~35万元	35.1~40万元	40.1~45万元	45.1~50万元	50.1~55万元	55.1~60万元	60万元以上	小计
给予一般指导、会提供少量案源	32.78%	30.23%	8.72%	5.56%	5.56%	2.56%	1.65%	1.8%	1.95%	1.05%	8.12%	665
减免管理费用	40.08%	29.96%	9.34%	2.33%	3.89%	1.17%	0.78%	1.95%	2.72%	0.39%	7.39%	257
基本不予指导、扶持	33.66%	29.79%	10.44%	6.96%	4.06%	3.09%	0.97%	2.9%	1.16%	1.55%	5.42%	517
其他	32.08%	35.85%	1.89%	5.66%	5.66%	5.66%	0%	1.89%	0%	1.89%	9.43%	53

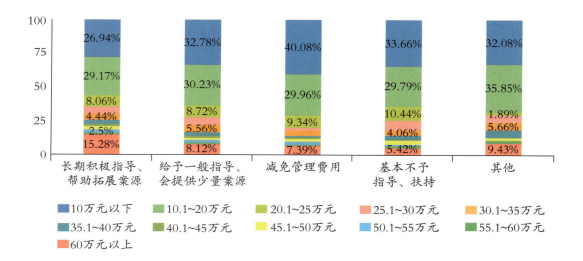

◆ 青年律师最近三年平均税前收入与律所对于青年律师的指导情况交叉对比图

　　问卷调查显示，收入在60万元以上的青年律师所在律所"长期积极指导、帮助拓展案源"的比例较高，明显超越其他三种情形，达15.28%；"减免管理费用"的律所给予收入低于20万元的青年律师的扶持力度比例较高。上述数据说明，律所的指导和帮助有助于青年律师收入的稳步提高，同时，"减免管理费用"并不能对提高青年律师收入产生显著作用。

收入与法律援助案件对自身的帮助 〉〉〉

X\Y	10万元以下	10.1~20万元	20.1~25万元	25.1~30万元	30.1~35万元	35.1~40万元	40.1~45万元	45.1~50万元	50.1~55万元	55.1~60万元	60万元以上	小计
无帮助	17.8%	20%	5.56%	6.67%	10%	5.56%	3.33%	4.44%	4.44%	3.33%	18.89%	90
可以帮到有需要的人，很愿意做法援案件	32.6%	30.23%	8.84%	6.28%	4.34%	2.79%	1.32%	2.4%	1.94%	1.4%	7.83%	1290
愿意接受指派，可以练练手	44.5%	34.41%	7.57%	3.06%	2.7%	1.8%	0.9%	0.9%	0.72%	0.36%	3.06%	555
有一定的办案补贴，对生活有帮助	47.6%	33.21%	7.68%	4.41%	2.11%	1.92%	0.58%	0.96%	0.58%	0%	0.96%	521
其他	14.3%	30.61%	10.2%	4.08%	6.12%	2.04%	4.08%	0%	2.04%	0%	26.53%	49

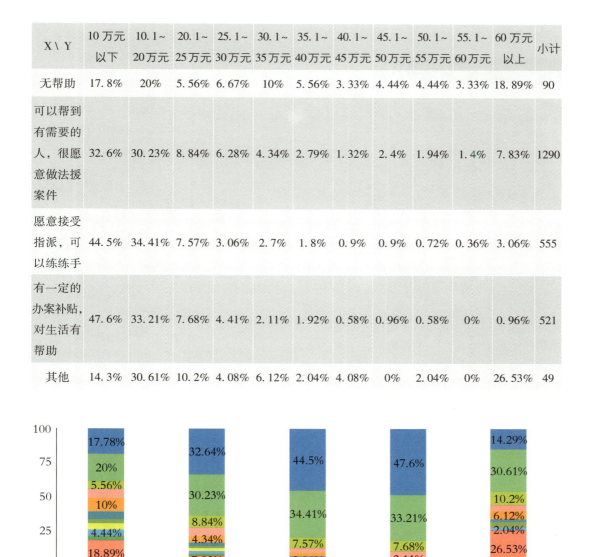

◆ 青年律师最近三年平均税前收入与法援案件对青年律师的帮助交叉对比图

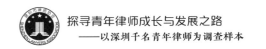
问卷调查显示，受访的青年律师中，年收入在 20 万元以下的青年律师有 80% 左右办理法援案件，赞同"承接法律援助案件有一定的办案补贴，对生活有帮助"和"愿意接受指派，可以练练手"观点。

小 结 〉〉〉〉

经过以上各组的交叉分析，课题组发现：

对收入影响的因素	结 论	建 议
收入与性别	高收入区间的男律师比例多于女律师比例	关注青年女律师的执业发展状况，切实提高青年女律师的收入
收入与年龄	收入的增加与年龄的增长呈正比关系	
收入与执业年限	青年律师的收入与其执业年限成正比	
收入与学历	高学历的青年律师中收入优势主要集中在博士研究生	虽然学历对于提高青年律师收入的作用不会立竿见影，但建议青年律师通过多种形式提升自身专业水平和知识储备
收入与执业状态	独立执业律师的收入水平明显高于授薪律师	建议青年律师在自身条件成熟后可尝试独立执业
收入与从事业务类型	从事非诉业务和综合业务的相对收入较诉讼业务高，说明律师的专业化有助于提高青年律师的收入	建议青年律师在重视诉讼业务的基础上，尽可能地拓展自身的业务类型，鼓励青年律师走专业化道路，提高自身处理综合性法律事务的能力
收入与客户类型	企事业单位客户对于青年律师的收入具有重大影响	建议青年律师积极开拓企事业单位作为自身的客户
收入与律师是否有其他专业资质	有其他专业资质的青年律师较没有其他专业资质的青年律师有一定优势	建议青年律师注重不同学科的学习和运用，结合市场需求，提高自身综合竞争力
收入与律师执业前是否从事其他工作	是否曾从事非律师职业对青年律师的收入影响不明显	
收入与薪资方式	扣除管理费和税费后余额归己的薪资方式更有助于刺激青年律师努力提高收入水平	青年律师可根据自身实际情况尝试有助于提高收入的薪资方式

续表

对收入影响的因素	结　论	建　议
收入与参加培训情况	职业（执业）培训与提高收入具有相互促进的良性循环作用	建议青年律师重视职业（执业）培训，积极参加职业（执业）培训
收入与律师是否发表论文	通过文章发表有助于青年律师钻研业务，提高影响力，从而可以间接地促进收入的提升	建议青年律师积极钻研专业知识，努力提高业务能力，鼓励青年律师多发表论文、文章
收入与律师的宣传推广	业务宣传推广对于青年律师执业初期提高收入具有促进作用	建议青年律师与时俱进，选择适合的、多元化的方式进行业务宣传推广
收入与律所规模	律所规模对青年律师的收入影响不明显	建议青年律师根据自身业务能力、发展方向等综合因素，选择适合自己的律所进行执业
收入与律所体制	个人律所较低收入的青年律师占比较高，而在公司制及公司与合伙制结合律所的青年律师收入情况分布与传统的合伙制律所的差别不大	建议青年律师在选择执业律所时应结合自身业务和发展方向着重考虑，不必过于担心其对律师收入的影响
收入与律师所在区域	福田区、宝安区、龙岗区的青年律师相对收入较其他各区高	
收入与律所业务特点	综合性业务的律所虽然业务领域更广，但对执业律师的收入并没有明显的优势	建议青年律师可针对自身优势和专业领域，选择适合自己的律所
收入与律所对青年律师的指导情况	律所坚持对青年律师给予长期的积极指导、帮助拓展案源，对青年律师收入的稳步提高具有积极的促进作用	建议律所对青年律师给予长期积极指导、帮助拓展案源，重视青年律师的生存和发展，这既是对青年律师的真诚关怀，也增强了律所的凝聚力和人才储备
收入与法律援助案件对自身的帮助	法援案件既可以锻炼青年律师的业务能力，还能够在一定程度上增加青年律师的收入	建议青年律师能够更加重视、积极参与法律援助案件；也建议在指派法律援助案件时，相关部门能够更加关注执业年限较短或收入水平较低的青年律师

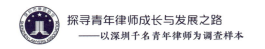

第二节　影响案源的因素

"案源少"是广大青年律师在执业过程中最为关注的焦点问题之一，课题组对青年律师目前的案源情况进行数据统计，并将统计数据与青年律师的执业年限、执业类型、收入近况，以及在执业前是否从事其他工作等各个方面，进行了全面的交叉对比分析，经过分析，我们可以发现，以下因素对青年律师的案件来源具有一定的影响。

案源与执业年限

X \ Y	等待客户上门	自寻客户	原客户介绍	亲友介绍	律师事务所提供	指导律师或团队负责律师提供	其他律师介绍	其他	小计
1 年以下	26.55%	30.51%	30.79%	50.56%	21.47%	44.63%	17.8%	1.41%	354
1~3 年	26.76%	36.62%	46.11%	55.79%	14.23%	33.78%	26.19%	2.09%	527
4~5 年	30.67%	44.33%	62.67%	60%	11.67%	22%	27.33%	2%	300
6~10 年	33.24%	42.77%	75.43%	59.83%	11.85%	13.58%	28.03%	0%	346
11 年以上	23.53%	37.65%	72.94%	47.06%	8.24%	1.18%	18.82%	4.71%	85

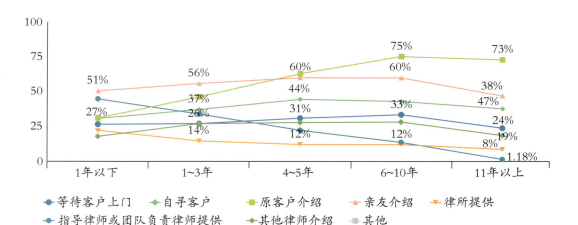

◆ 案源与执业年限交叉对比图

　　问卷调查显示，对于执业年限 1 年以下的青年律师，亲友介绍、指导律师或团队负责律师提供的案源排名前两位；执业年限 1~3 年的律师案源主要来自于指导律师或团队律师、其他律师介绍以及亲友或者律所提供的案源。 随着执业年限的增长，指导律师或团队律师提供的案源和律所提供给青年律师的案源在递减，原客户介绍逐渐成为青年律师的首要案源，其他律师介绍给青年律师的案源稳步增长。

　　虽然随着执业年限的增长，青年律师获取案源的途径在不断拓展，主要案件来源也在不断变化，但亲友介绍始终是青年律师业务的重要来源。

案源与业务类型 >>>

X \ Y	等待客户上门	自寻客户	原客户介绍	亲友介绍	律师事务所提供	指导律师或团队负责律师提供	其他律师介绍	其他	小计
诉讼业务	34.91%	37.77%	53.22%	58.37%	13.3%	24.75%	26.61%	1.57%	699
非诉业务	14.29%	29.12%	36.81%	28.57%	21.43%	43.96%	12.64%	1.65%	182
综合性	26.94%	43.68%	61.64%	63.77%	11.57%	22.07%	27.85%	0.91%	657
根据律师事务所和指导律师的分配决定	20.27%	13.51%	25.68%	28.38%	35.14%	70.27%	5.41%	8.11%	74

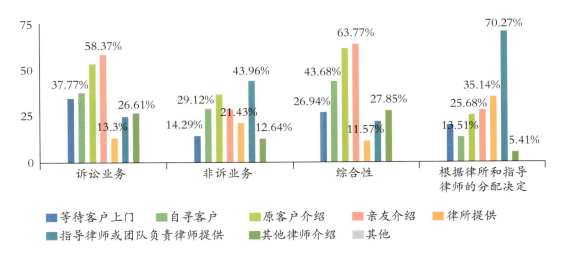

◆ 案源与业务类型交叉对比图

问卷调查显示，从事诉讼业务和综合性业务的青年律师的案源架构基本相似，都是以亲友介绍、原客户介绍、自寻客户和等待客户上门为主，其中又都是以亲友介绍作为最主要的案源方式。而从事非诉讼业务的青年律师案源与从事诉讼业务、综合性业务的青年律师具有明显区别，其案源主要来自于指导律师或团队律师提供以及原客户介绍。

但无论从事何种类型的业务，原客户介绍都在青年律师案源中排名第二，可见原客户介绍是青年律师的重要案源。因此，建议青年律师在办理每一起案件，甚至接受每一次客户咨询时，都以最认真的工作方式，以最专业的法律知识，最诚恳的态度去面对当事人，用自己的努力赢得当事人的认可和信赖。

案源与收入 >>>>

X \ Y	10 万元以下	10.1~20万元	20.1~25万元	25.1~30万元	30.1~35万元	35.1~40万元	40.1~45万元	45.1~50万元	50.1~55万元	55.1~60万元	60 万元以上	小计
等待客户上门	34.42%	29.22%	8.44%	4.11%	3.68%	3.68%	1.08%	2.60%	2.38%	1.08%	9.31%	462
自寻客户	28.83%	27.52%	10.42%	7.33%	5.37%	2.12%	1.30%	3.75%	2.28%	1.95%	9.12%	614
原客户介绍	18.66%	29.55%	10.54%	7.76%	6.49%	4.52%	1.97%	3.71%	2.90%	1.51%	12.4%	863
亲友介绍	29.00%	30.56%	9.89%	6.67%	5.22%	3.22%	1.56%	3.11%	2.22%	1.11%	7.44%	900
律所提供	40.17%	33.33%	9.40%	2.99%	2.56%	1.28%	0%	2.14%	0%	0.85%	7.26%	234
指导律师或团队负责律师提供	40.22%	36.22%	9.11%	5.56%	2.89%	1.56%	0.89%	0%	0.44%	0.22%	2.89%	450
其他律师介绍	22.22%	30.81%	13.13%	5.56%	4.55%	2.78%	2.27%	4.29%	3.03%	1.26%	10.1%	396
其他	34.62%	23.08%	0%	7.69%	0%	7.69%	0%	3.85%	0%	0%	23.1%	26

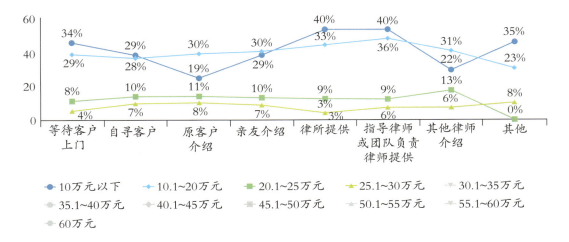

◆ 案源与收入交叉对比图

　　问卷调查显示，超过 70% 的案件来源主要是律所提供，超过 76% 的案件来源主要是指导律师或团队负责律师介绍的青年律师年收入在 20 万元以下。可见，主要依靠律所、指导律师或团队负责律师介绍案源的青年律师总体收入水平较低。

案源与执业前是否从事其他工作 ＞＞＞

X \ Y	等待客户上门	自寻客户	原客户介绍	亲友介绍	律所提供	指导律师或团队负责律师提供	其他律师介绍	其他	小计
是	29.16%	34.91%	51.87%	52.77%	14.83%	30.98%	24.62%	1.41%	991
否	27.86%	43.16%	56.20%	60.71%	14.01%	23.03%	24.48%	1.93%	621

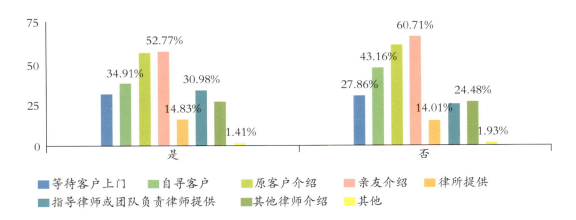

◆ 案源与执业前是否从事其他工作交叉对比图

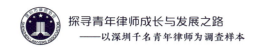
问卷调查显示，执业前从事过其他工作的青年律师在指导律师或团队负责律师提供案源中的比例都高于执业前未从事过其他工作的青年律师，而在自寻客户、原客户介绍及亲友介绍案源中的比例则低于执业前未从事过其他工作的律师。

案源与工作时间

X\Y	每天基本超过8小时，经常加班加点	一般不超过8小时	业务不多，工作时间较为宽裕	不确定，时忙时闲	小计
等待客户上门	32.90%	22.73%	17.97%	26.41%	462
自寻客户	33.39%	21.82%	16.94%	27.85%	614
原客户介绍	34.88%	22.94%	15.41%	26.77%	863
亲友介绍	31.00%	22.56%	18.56%	27.89%	900
律所提供	50.85%	17.09%	10.68%	21.37%	234
指导律师或团队负责律师提供	48.44%	16.44%	8.44%	26.67%	450
其他律师介绍	33.08%	20.96%	17.17%	28.79%	396
其他	26.92%	15.38%	15.38%	42.31%	26

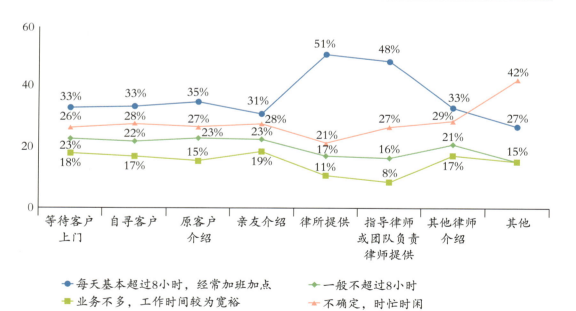

◆ 案源与工作时间交叉对比图

问卷调查显示，青年律师在办理律所、指导律师或团队负责律师提供的案件过程中，所付出的工作时间最长。

案源与性别

X \ Y	等待客户上门	自寻客户	原客户介绍	亲友介绍	律所提供	指导律师或团队负责律师提供	其他律师介绍	其他	小计
男	28.96%	45.75%	58.99%	59.96%	13.46%	20.45%	24.65%	1.51%	929
女	28.26%	27.67%	46.12%	50.22%	15.96%	38.07%	24.45%	1.76%	683

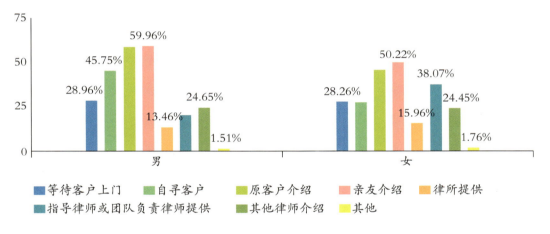

◆ 案源与性别交叉对比图

问卷调查显示，律所、指导律师或团队负责律师提供给青年律师的案源中，女律师占比超过男律师近一倍；自寻客户、亲友介绍以及原客户介绍的案源中，男律师占比超过女律师。

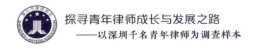

案源与年龄

X \ Y	等待客户上门	自寻客户	原客户介绍	亲友介绍	律所提供	指导律师或团队负责律师提供	其他律师介绍	其他	小计
25周岁以下	26.21%	18.45%	22.33%	36.89%	20.39%	57.28%	14.56%	1.94%	103
26~30周岁	28.27%	32.03%	38.24%	49.02%	18.30%	41.83%	24.18%	1.96%	612
31~35周岁	28.52%	43.55%	65.51%	63.39%	11.95%	18.88%	27.75%	1.16%	519
36~40周岁	30.16%	45.77%	70.37%	61.64%	10.32%	9.79%	23.54%	1.59%	378

◆ 案源与年龄交叉对比图

问卷调查显示，律所以及指导律师或团队负责律师提供的案源中，更倾向于介绍给30周岁以下的青年律师；原客户介绍的案源更多给31周岁以上的律师。

案源与客户类型 >>>>

X \ Y	等待客户上门	自寻客户	原客户介绍	亲友介绍	律师提供	指导律师或团队负责律师提供	其他律师介绍	其他	小计
个人类客户占多数	37.42%	41.72%	55.15%	68.32%	12.13%	18.90%	28.94%	1.30%	767
中小企事业单位占多数	22.25%	42.37%	59.53%	48.52%	13.98%	29.66%	17.80%	1.27%	472
大型企事业单位占多数	11.45%	13.74%	27.48%	21.37%	29.01%	62.60%	16.03%	0%	131
政府机构占多数	23.08%	23.08%	34.62%	38.46%	15.38%	42.31%	23.08%	0%	26
各种类型客户差不多	22.75%	34.92%	56.61%	52.91%	15.87%	33.86%	32.28%	2.12%	189
其他	22.22%	14.81%	25.93%	33.33%	11.11%	29.63%	7.41%	22.22%	27

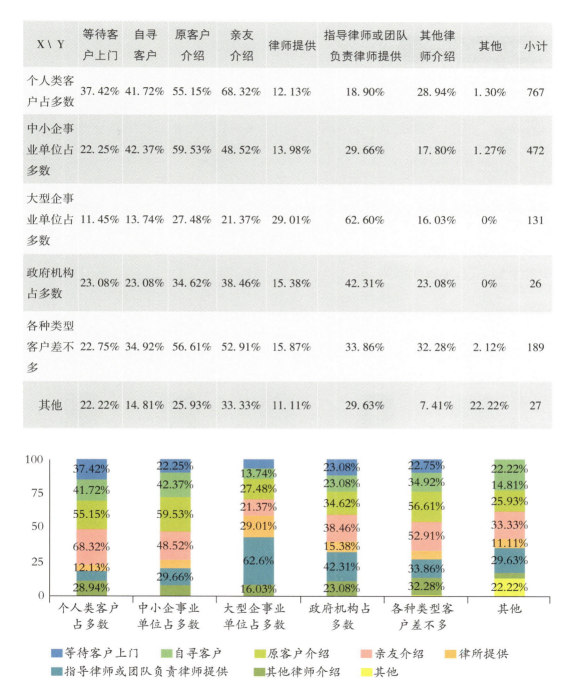

◆ 案源与客户类型交叉对比图

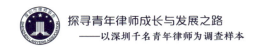
　　问卷调查显示，大型企事业单位的客户主要来自于律所、指导律师或团队负责律师介绍。 中小企事业单位客户、个人类客户主要来自于原客户介绍和亲友介绍。

案源与薪资方式 ▶▶▶

X \ Y	等待客户上门	自寻客户	原客户介绍	亲友介绍	律所提供	指导律师或团队负责律师提供	其他律师介绍	其他	小计
授薪（固定收入）	20.68%	13.90%	18.98%	27.46%	22.71%	58.98%	9.49%	1.36%	295
授薪加业务提成	26.43%	26.43%	40.45%	43.95%	28.34%	53.50%	18.79%	1.27%	314
业务提成	36.36%	42.86%	53.25%	61.04%	18.18%	23.38%	25.97%	1.30%	77
扣除管理费和税费后，余额归己	31.60%	50.00%	69.84%	69.07%	6.43%	9.53%	31.15%	1.22%	902
其他	20.83%	25.00%	37.50%	45.83%	25.00%	16.67%	33.33%	25.00%	24

◆ 案源与薪资方式交叉对比图

　　问卷调查显示，律所、指导律师或者团队负责律师提供的案源，集中在授薪律师和授薪加业务提成的律师。亲友介绍的客户集中在业务提成以及扣除管理费和税费后余额归己的律师。原客户介绍的案源在扣除管理费以及税费后余额归己的律师中占比最高。

小 结

经过以上各组的交叉分析， 课题组发现：

对案源的影响因素	结 论	建 议
案源与执业年限	随着执业年限的增长，青年律师获取案源的途径在不断拓展，主要案件来源在不断变化，但亲友介绍始终是青年律师业务的重要来源	建议青年律师积极拓展案件来源，在稳固传统案源模式的情况下，努力探索新的案源模式
案源与业务类型	原客户介绍是青年律师不可轻视的重要案件来源	建议青年律师重视职业荣誉和执业口碑，无论案件的大小与难易，都以认真的工作方式、专业的法律知识、诚恳的态度获得客户的认可和信赖
案源与收入	青年律师执业初期的主要案件来源是律所、指导律师提供或其他律师介绍	青年律师应该注重获取律师事务所及同行的认同，在同行、同事中表现良好的专业水平和积极的工作态度
案源与执业前是否从事其他工作	执业前从事过其他工作的青年律师的各类案源数量，高过执业前未从事过其他工作的青年律师	建议执业前未从事过其他工作的青年律师，多接触其他行业的优秀人士，努力探索新的案源模式
案源与工作时间	青年律师在办理律师事务所和指导律师或团队负责律师提供的案件过程中，所付出的工作时间最长	青年律师七成以上案源来自于律所或团队律师的介绍，背后原因还是青年律师在专业和态度上取得律所和团队指导律师的认可
案源与性别	指导律师或团队负责律师提供的案源更倾向于女律师	
案源与年龄	指导律师或团队负责律师提供的案源以及律所给 26～30 周岁提供的案源较多；原客户介绍的案源更多给 31 周岁以上的律师	
案源与客户类型	大型企事业单位的客户主要来自于律所、指导律师或团队负责律师介绍	

续表

对案源的影响因素	结　论	建　议
案源与薪资方式	律所、指导律师或者团队负责律师提供的案源，集中在授薪律师和授薪加业务提成的律师	授薪律师案源单一问题可以通过自身获得同行认可予以弥补

第三节　影响压力的因素

为了了解深圳青年律师的压力源及影响压力的因素，课题组将调查问卷中设置的"生活压力""案源压力""对案件结果的压力""处理当事人、对方当事人、法官等关系的压力""其他压力"等选项与青年律师的业务类型、薪资方式、工作时间、执业年限、性别等进行了交叉对比，同时，再结合青年律师的生活状况（包括财务支出、身体健康程度、心理健康程度、对律师职业的认可度以及执业地区的选择）方面的题设分析，可以发现，青年律师的压力源来自于生活、业务、人际关系等多个方面，这些压力源呈现在青年律师的身体状况、心理状况、对律师职业认可度、对选择执业地的各种数据方面。

压力与收入

X＼Y	生活压力	案源压力	业务压力	对案件结果的压力（胜诉等）	处理与当事人、对方当事人、法官等关系的压力	其他	小计
10 万元以下	19.61%	48.93%	14.17%	10.68%	4.85%	1.75%	515
10.1~20 万元	14.46%	50.62%	13.84%	10.95%	9.09%	1.03%	484
20.1~25 万元	10.88%	48.98%	12.93%	14.97%	9.52%	2.72%	147
25.1~30 万元	9.28%	49.48%	16.49%	18.56%	5.15%	1.03%	97
30.1~35 万元	15.79%	40.79%	13.16%	13.16%	13.16%	3.95%	76
35.1~40 万元	8.51%	38.3%	12.77%	21.28%	10.64%	8.51%	47
40.1~45 万元	9.52%	38.1%	9.52%	14.29%	19.05%	9.52%	21
45.1~50 万元	10.53%	39.47%	18.42%	21.05%	7.89%	2.63%	38
50.1~55 万元	10%	23.33%	13.33%	23.33%	23.33%	6.67%	30

X\Y	生活压力	案源压力	业务压力	对案件结果的压力（胜诉等）	处理与当事人、对方当事人、法官等关系的压力	其他	小计
55.1~60 万元	9.52%	33.33%	9.52%	38.1%	9.52%	0%	21
60 万元以上	11.76%	17.65%	20.59%	27.94%	11.03%	11.03%	136

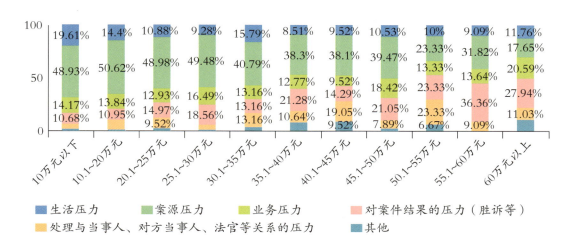

◆ 压力与收入交叉对比图一

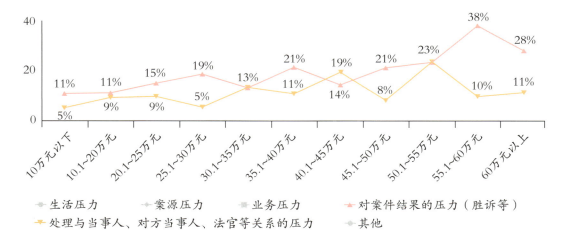

◆ 压力与收入交叉对比图二

　　问卷调查显示，收入在 20 万元以下的青年律师，压力集中在生活、案源及业务三大方面。随着收入的增加，以上三方面的压力有所减小，但同时，对案件结果的压力（胜诉等）在逐渐增大。

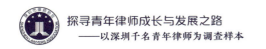

处理与当事人、对方当事人、法官等关系给予不同收入范围的青年律师压力呈现不稳定状态。

压力与业务类型 >>>>

X \ Y	生活压力	案源压力	业务压力	对案件结果的压力（胜诉等）	处理与当事人、对方当事人、法官等关系的压力	其他	小计
诉讼业务	13.45%	52.65%	10.01%	13.88%	7.87%	2.15%	699
非诉业务	25.82%	24.18%	34.07%	7.14%	6.04%	2.75%	182
综合性	12.48%	44.29%	13.7%	16.89%	9.59%	3.04%	657
根据律所和指导律师的分配决定	21.62%	32.43%	16.22%	14.86%	6.76%	8.11%	74

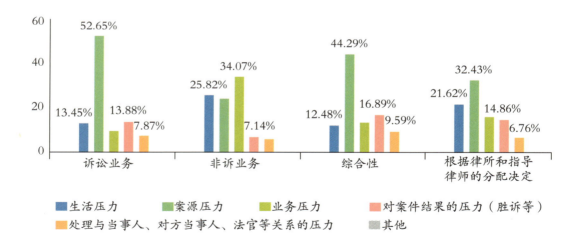

◆ 压力与业务类型交叉对比图

问卷调查显示，从事非诉业务的青年律师，业务压力最大；而从事诉讼业务和综合性业务的青年律师，案源压力最大。

压力与律所业务特点 ▶▶▶

X \ Y	生活压力	案源压力	业务压力	对案件结果的压力（胜诉等）	处理与当事人、对方当事人、法官等关系的压力	其他	小计
综合性业务	13.39%	46.3%	13.91%	15.38%	8.21%	2.81%	1352
专业性业务	22.45%	32.65%	16.84%	16.33%	7.65%	4.08%	196
非诉业务	17.65%	34.76%	26.74%	11.23%	4.81%	4.81%	187
诉讼业务	10.69%	49.42%	12.14%	14.74%	9.25%	3.76%	346

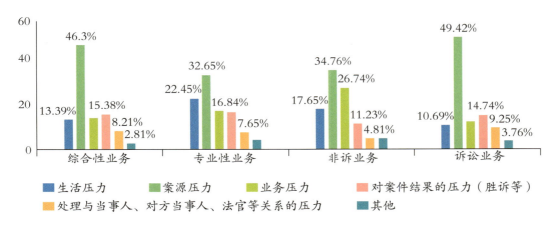

◆ 压力与律所业务特点交叉对比图

问卷调查显示，案源压力在综合性业务律所与诉讼业务律所呈现较大的比例。生活压力则在专业性律所呈现较大的比例。

诉讼业务和非诉业务对比中，案源和案件处理结果成为诉讼业务为主的律所执业的青年律师最大压力源，而业务给予非诉律所执业的青年律师更大压力。

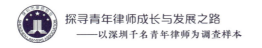
压力与薪资方式

X \ Y	生活压力	案源压力	业务压力	对案件结果的压力（胜诉等）	处理与当事人、对方当事人、法官等关系的压力	其他	小计
授薪（固定收入）	25.42%	31.86%	19.66%	12.54%	7.8%	2.71%	295
授薪加业务提成	16.56%	47.45%	17.83%	9.87%	6.05%	2.23%	314
业务提成	14.29%	48.05%	15.58%	11.69%	7.79%	2.6%	77
扣除管理费和税费后，余额归己	10.75%	49.11%	11.53%	16.85%	9.31%	2.44%	902
其他	16.67%	16.67%	16.67%	12.5%	8.33%	29.17%	24

◆ 压力与薪资方式交叉对比图

问卷调查显示，"案源压力"在四种薪资方式的压力源中均居首位；"生活压力"占了近两成的份额；"对案件结果的压力（胜诉等）"在"业务提成"和"扣除管理费和税费后余额归己"的薪资方式中显得尤其突出。

压力与工作时间 ▶▶▶

X \ Y	生活压力	案源压力	业务压力	对案件结果的压力（胜诉等）	处理与当事人、对方当事人、法官等关系的压力	其他	小计
每天基本超过 8 小时，经常加班加点	18.97%	33.44%	19.94%	16.24%	8.52%	2.89%	622
一般不超过 8 小时	15.15%	46.36%	11.21%	15.76%	8.18%	3.33%	330
业务不多，工作时间较为宽裕	10.71%	62.3%	9.92%	10.71%	5.16%	1.19%	252
不确定，时忙时闲	10.78%	51.23%	11.76%	12.75%	10.05%	3.43%	408

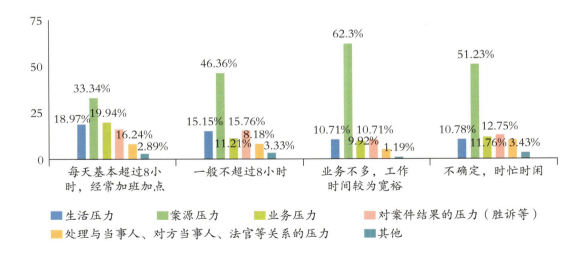

◆ 压力与工作时间交叉对比图

问卷调查显示，"业务不多，工作时间较为充裕的"和"不确定，时忙时闲"的青年律师的案源压力最大，百分比超过 50%；"每天工作时间超过 8 小时，经常加班加

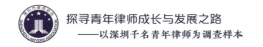

点"的青年律师中，生活压力相对较大。

压力与执业年限 ▶▶▶

X \ Y	生活压力	案源压力	业务压力	对案件结果的压力（胜诉等）	处理与当事人、对方当事人、法官等关系的压力	其他	小计
1 年以下	20.62%	44.07%	16.1%	11.02%	5.65%	2.54%	354
1~3 年	14.04%	50.28%	15.37%	12.14%	6.83%	1.33%	527
4~5 年	14.67%	44%	14.67%	15.67%	8%	3%	300
6~10 年	12.14%	42.77%	11.27%	17.92%	11.85%	4.05%	346
11 年以上	7.06%	30.59%	15.29%	23.53%	15.29%	8.24%	85

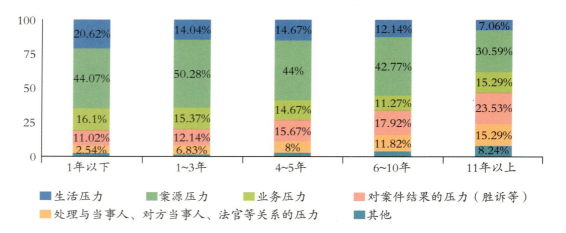

◆ 压力与执业年限交叉对比图

问卷调查显示，不同执业年限的青年律师选择案源压力是主要压力来源，即使是执业 11 年以上，仍有三成以上的青年律师感觉有案源压力。同时，对案件结果的压力则随着执业年限的增加而增大。

压力与性别 〉〉〉

X \ Y	生活压力	案源压力	业务压力	对案件结果的压力（胜诉等）	处理与当事人、对方当事人、法官等关系的压力	其他	小计
男	16.9%	45.75%	12.81%	13.89%	8.18%	2.48%	929
女	12.01%	44.22%	16.84%	15.08%	8.49%	3.37%	683

◆ 压力与性别交叉对比图

问卷调查显示，"案源压力"对男、女青年律师来说都高居首位，而两个群体对比却无大小之分，基本持平。

男律师的"生活压力"要略高于女律师，但是在"业务压力""对案件结果的压力""处理与当事人、对方当事人、法官等关系的压力"方面，男律师和女律师的差距不明显。

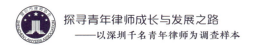

压力对身体健康的影响 》》》》

X \ Y	生活压力	案源压力	业务压力	对案件结果的压力（胜诉等）	处理与当事人、对方当事人、法官等关系的压力	其他	小计
非常健康	23.2%	33.6%	13.6%	12%	11.2%	6.4%	125
良好	12.11%	45.67%	13.84%	16.96%	8.3%	3.11%	578
亚健康	14.8%	46.93%	15.47%	13.2%	7.87%	1.73%	750
一般	20.66%	45.45%	14.88%	8.26%	8.26%	2.48%	121
不健康	10.53%	36.84%	7.89%	26.32%	7.89%	10.53%	38

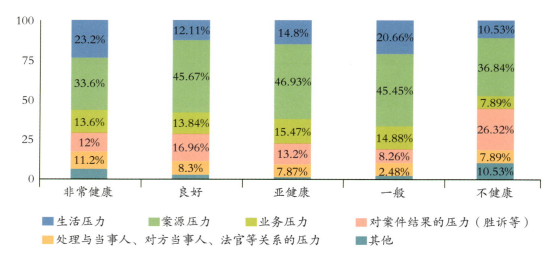

◆ 压力与身体健康状况交叉对比图

问卷调查显示，"案源压力"是造成青年律师身体亚健康或感觉一般的主因。而在"不健康"的群体中，"对案件结果的压力"方面的原因所占比例相对较大。

压力对心理健康的影响 »»»

X \ Y	生活压力	案源压力	业务压力	对案件结果的压力（胜诉等）	处理与当事人、对方当事人、法官等关系的压力	其他	小计
正常	14.39%	44.26%	14.63%	14.63%	8.22%	3.87%	827
感到工作、生活单调	19.23%	48.72%	15.38%	11.54%	3.85%	1.28%	156
工作压力大、很烦躁	14.62%	42.92%	16.04%	16.04%	9.43%	0.94%	212
不稳定、时好时坏	14.25%	47.42%	13.27%	14%	9.83%	1.23%	407
其他	10%	10%	10%	20%	0%	50%	10

◆ 压力与心理健康状况交叉分析图

　　问卷调查显示，有过半的人认为自身心理正常，证明青年律师有较强的压力承受能力，但应当注意到，"案源压力"成为"感到工作生活单调""工作压力大、很烦躁""情绪不稳定，时好时坏"的主因。

压力对律师职业的认可度的影响 >>>>

（1） 对律师身份的认同感。

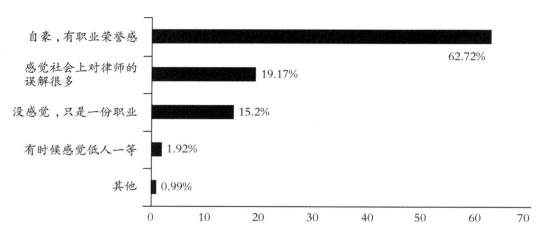

◆ 青年律师对律师身份的认同感统计图

在面对以上各种压力源，青年律师对律师职业的选择仍抱有极大的职业荣誉感。问卷调查显示，"对律师身份认同"的项目中，"自豪、有职业荣誉感占"62.72%；"感觉社会上对律师的误解很多"占 19.17%；"没感觉，只是一份职业"占 15.2%；"有时候感觉低人一等"占 1.92%。

（2） 压力与律师身份认同感。

X \ Y	生活压力	案源压力	业务压力	对案件结果的压力（胜诉等）	处理与当事人、对方当事人、法官等关系的压力	其他	小计
自豪，有职业荣誉感	15.83%	42.33%	15.92%	15.43%	7.62%	2.87%	1011
没感觉，只是一份职业	17.14%	49.39%	11.84%	12.24%	8.57%	0.82%	245
有时候感觉低人一等	25.81%	41.94%	9.68%	9.68%	12.9%	0%	31
感觉社会上对律师的误解很多	9.06%	52.1%	13.27%	13.59%	9.39%	2.59%	309

续表

X \ Y	生活压力	案源压力	业务压力	对案件结果的压力（胜诉等）	处理与当事人、对方当事人、法官等关系的压力	其他	小计
其他	6.25%	25%	0%	6.25%	18.75%	43.75%	16

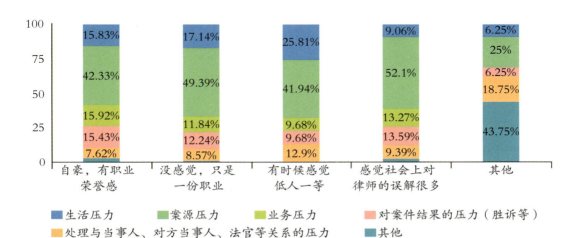

◆ 压力与律师身份认同感交叉分析图

问卷调查显示，在"案源压力"中，"感觉社会上对律师的误解很多"造成了压力超过一半的比例。而在"生活压力"中，"有时感觉低人一等"的比例相对较高。

（3）对律师职业前景的自我认知。

◆ 青年律师对律师职业前景的自我认知统计图

问卷调查显示，"对自己的律师职业前景的看法较为乐观、还可以"的占比51.12%；"非常乐观、很有希望"的占比38.28%；"比较悲观"的占比5.09%；"迷茫"的占比4.53%；"没有希望"的仅占0.25%。

同时，我们将青年律师对职业前景的自我认知与压力进行交叉对比：

X＼Y	生活压力	案源压力	业务压力	对案件结果的压力（胜诉等）	处理与当事人、对方当事人、法官等关系的压力	其他	小计
非常乐观，很有希望	14.91%	36.79%	17.5%	17.99%	8.91%	3.89%	617
较为乐观，还可以	14.81%	48.18%	13.71%	12.99%	8.25%	2.06%	824
比较悲观	18.29%	57.32%	9.76%	7.32%	7.32%	0%	82
没有希望	25%	50%	0%	25%	0%	0%	4
迷茫	9.59%	69.86%	4.11%	9.59%	5.48%	1.37%	73
其他	16.67%	25%	16.67%	0%	8.33%	33.33%	12

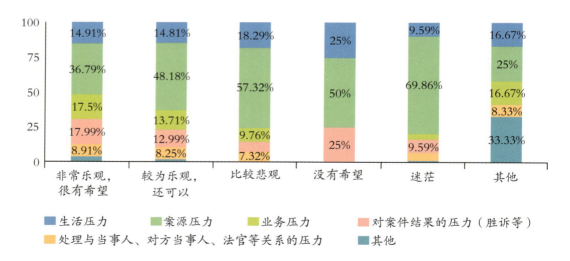

◆ 压力与青年律师对职业前景自我认知交叉分析图

问卷调查显示，案源压力导致对律师执业前景的重大影响，感觉到悲观、没有希望、迷茫的群体占有过半的比例。

（4）重新选择职业。

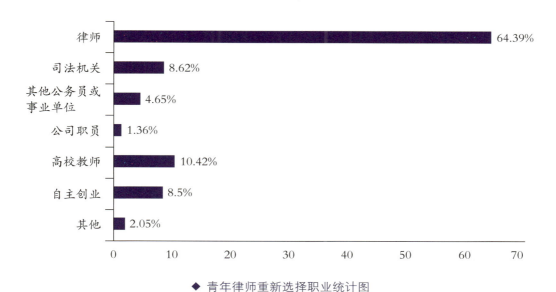

◆ 青年律师重新选择职业统计图

在"重新选择职业"的问卷调查中，数据显示，选择律师的占 64.39%，选择高校教师的占 10.42%，选择司法机关的占 8.62%，选择自主创业的占 8.5%，选择其他公务员或事业单位的占 4.65%，选择公司职员占 1.36%。

（5）对自身是否适合律师职业的认知。

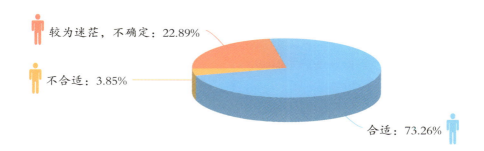

◆ 青年律师对自身是否适合律师职业的认知统计图

在"自身是否适合从事律师职业"的问卷调查中显示，认为自身适合的占 73.26%；较为迷茫、不确定的占 22.89%；不适合的占 3.85%。

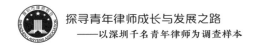
（6） 对未来执业地点的考虑。

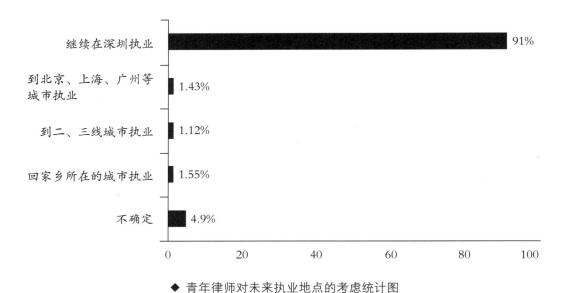

◆ 青年律师对未来执业地点的考虑统计图

在"对以后执业地点的考虑"调查中，选择"继续在深圳执业"的青年律师占比为91%；"到北京、上海、广州等城市执业"的青年律师仅占1.43%；不确定的占4.9%。

住房与支出 》》》

问卷调查显示，青年律师的支出主要为供车买房及日常生活开支，占53.77%，显示生活压力较大；用于教育深造的为10.95%；社交活动占19.06%。

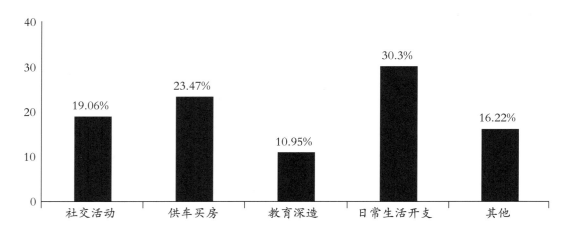

◆ 青年律师的支出情况

（1）购买住房。

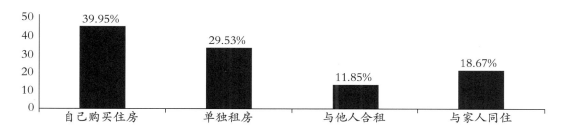

◆ 青年律师的住房情况

问卷调查显示，青年律师购买住房的占 39.95%，租房或与他人合租为 41.38%；显示青年律师自购住房与租房比例接近。

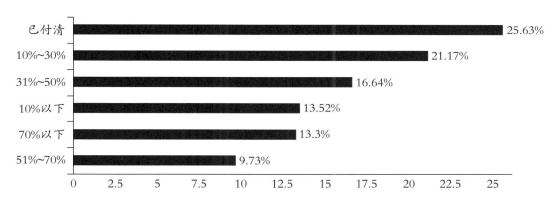

◆ 青年律师的房贷占收入比例

问卷调查显示，在具有自有住房的青年律师中，七成以上有供房压力，房贷支出占收入比例的差别区间维持在 4 个百分点左右。

（2）租赁住房。

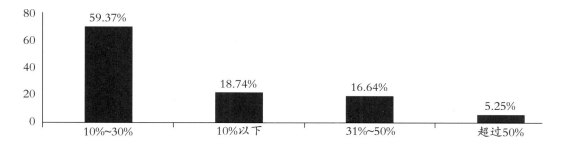

◆ 青年律师的房租占收入比例表

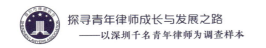
问卷调查显示，青年律师的租房比例为 41.38%，租金支出占收入比例集中在 10%～30% 的区间。

住房情况与选择离开深圳的首要因素 〉〉〉

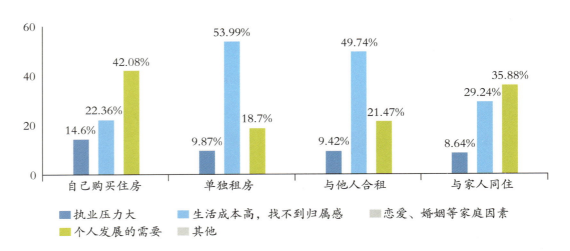

◆ 住房情况与选择离开深圳的首要因素交叉对比图

问卷调查显示，对于已购住房的青年律师，个人发展需要是促使其离开深圳的首要因素；而生活成本高、找不到归属感成为租房青年律师离开深圳的最大问题。

小 结 〉〉〉

综上分析，青年律师执业压力主要集中在案源、案件结果以及业务三大方面，尤其是案源压力，直接影响了青年律师的工作时间、身体健康、心理健康、对律师职业的认同和前景观望态度等方面。诚然，案源是业务收入之本，是律师生存之源，深挖案源确实成为青年律师发展的重中之重。另外，在生活压力方面，供房支出、租房支出的压力占比也较为突出，这些方面显示青年律师的物质需求，是保障律师职业发展首要的前提条件。另一方面，通过调查发现，即使面对各种压力时，青年律师对于律师职业仍表现出高度的认同感，并抱有极大的职业荣誉感。在重新选择职业的调查中显示，近 65% 的青年律师仍选择律师作为职业，在"对以后执业地点的考虑"的选择中，超过九成继续选择深圳作为执业的地点，显示出青年律师对深圳的职业发展仍充满信心和期待。

第四节　参与培训学习的差异

一、培训类型差异

培训类型与收入 »»»

X＼Y	本所	深圳市律协	政府部门	商业培训组织	公益机构	其他	小计
10 万元以下	53.98%	89.9%	10.68%	24.66%	25.83%	6.99%	515
10.1~20 万元	59.92%	92.56%	12.19%	31.61%	20.04%	6.61%	484
20.1~25 万元	46.94%	90.48%	10.2%	35.37%	19.73%	4.76%	147
25.1~30 万元	50.52%	93.81%	9.28%	35.05%	22.68%	8.25%	97
30.1~35 万元	63.16%	92.11%	11.84%	35.53%	15.79%	5.26%	76
35.1~40 万元	51.06%	91.49%	17.02%	36.17%	12.77%	10.64%	47
40.1~45 万元	71.43%	90.48%	14.29%	76.19%	23.81%	4.76%	21
45.1~50 万元	55.26%	94.74%	18.42%	42.11%	31.58%	2.63%	38
50.1~55 万元	53.33%	86.67%	16.67%	53.33%	13.33%	6.67%	30
55.1~60 万元	47.62%	80.95%	9.52%	52.38%	19.05%	9.52%	21
60 万元以上	65.44%	84.56%	16.18%	49.26%	13.24%	10.29%	136

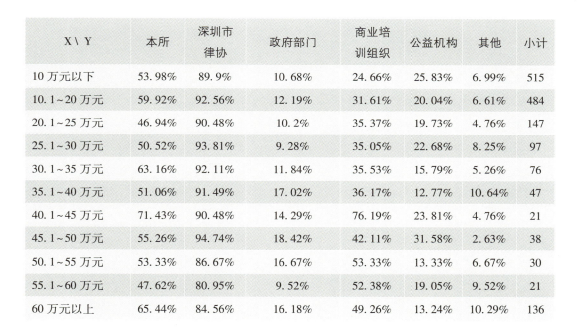

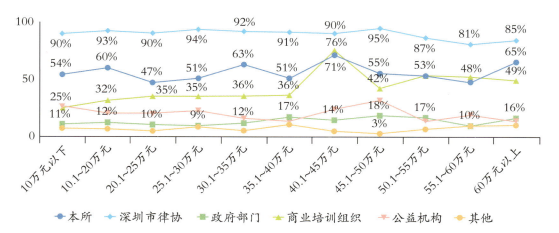

◆ 培训类型与收入交叉对比图

问卷调查显示，青年律师参加的培训中，无论收入多少，深圳市律协、律所、商业组织的培训排列前三甲，并随着收入的增加，参加的培训类型也在多元化，比如收入在 40.1 万元~45 万元区间，青年律师参加商业组织培训的比例略高于本所组织的培训。 同时，随着收入的增加，青年律师参与政府部门的培训占比有所增加。 公益机构组织的培训参与比例不稳定，有可能是受培训内容的影响。

培训类型与业务类型

X \ Y	本所	深圳市律协	政府部门	商业培训组织	公益机构	其他	小计
诉讼业务	48.78%	92.13%	8.58%	28.33%	21.03%	7.58%	699
非诉业务	82.42%	79.67%	13.74%	25.82%	13.74%	4.95%	182
综合性	57.08%	93%	15.07%	40.94%	22.83%	6.09%	657
根据律所和指导律师的分配决定	58.11%	82.43%	13.51%	29.73%	27.03%	13.51%	74

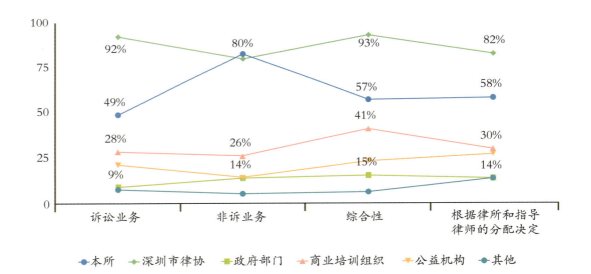

◆ 培训类型与业务类型交叉对比图

问卷调查显示，从事诉讼业务和综合业务的青年律师参与律协培训的比例最高。从事非诉业务的青年律师有 80% 参与本所举办的培训，高于参与律协举办的培训比例，一定程度说明本所举办的培训在非诉领域更有针对性，更能吸引青年律师参加，同时从另一个侧面也反映出律协针对非诉业务的培训相对较少。

培训类型与律所规模 >>>

X \ Y	本所	深圳市律协	政府部门	商业培训组织	公益机构	其他
101 人以上	78.24%	86.61%	11.3%	34.1%	21.55%	8.16%
51~100 人	57.72%	91.36%	12.65%	37.35%	22.53%	5.25%
31~50 人	48.1%	93.33%	11.43%	30.95%	20%	7.14%
11~30 人	45.43%	92.89%	12.44%	32.23%	22.34%	7.36%
10 人以下	33.01%	91.75%	12.62%	29.13%	17.48%	5.83%

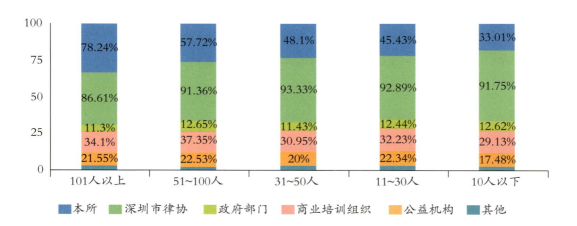

◆ 培训类型与律所规模交叉对比图

问卷调查显示，人数规模越大的律所，青年律师参与本所培训的比例越高，说明大所的培训资源丰富；人数较少的律所的青年律师除了本所培训以外，主要依靠参加律协和商业组织的培训。

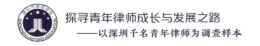
培训类型与律所体制 〉〉〉〉

X\Y	本所	深圳市律协	政府部门	商业培训组织	公益机构	其他	小计
合伙制所	55.87%	91.78%	12.78%	33.99%	21.73%	7.05%	1362
个人制所	33.67%	94.9%	9.18%	35.71%	19.39%	6.12%	98
公司制所	80.56%	70.83%	5.56%	25%	8.33%	5.56%	72
公司制、合伙制结合所	71.25%	83.75%	8.75%	25%	26.25%	7.5%	80

◆ 培训类型与律所体制交叉对比图

　　问卷调查显示，公司制律所的青年律师参与本所培训的比例最高，合伙制律所和个人制律所参与律协培训的比例居前二位；商业培训中，合伙制律所和个人制律所的青年律师比公司制律所的参与比例高。

培训类型与律所决策模式 ▶▶▶

X \ Y	本所	深圳市律协	政府部门	商业培训组织	公益机构	其他	小计
主要由事务所主任、合伙人或实际控制人决定	57.22%	90.67%	12.18%	33.6%	20.62%	6.09%	1232
青年律师参与度高	72.66%	88.49%	10.79%	28.78%	23.02%	10.79%	139
只有涉及青年律师的事项才征求其意见	56.38%	92.55%	14.89%	31.91%	25.53%	7.45%	94
基本没有征求青年律师意见	34.01%	91.16%	10.2%	35.37%	21.77%	10.2%	147

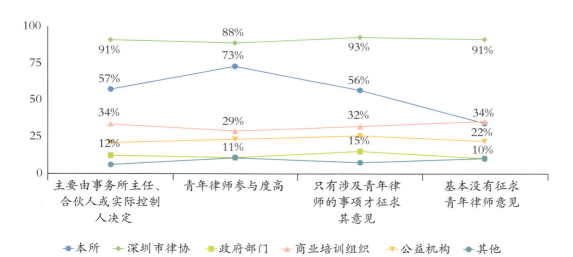

◆ 培训类型与律所决策模式交叉对比图

问卷调查显示，青年律师参与度高的律所，青年律师参与本所举办的培训比例也最高，为73%，反之，基本没有征求青年律师意见的律所，青年律师参与本所举办的培训比例也最低，只有34%。

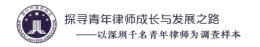
培训类型与培训时间 》》》

X \ Y	本所	深圳市律协	政府部门	商业培训组织	公益机构	其他	小计
50 小时以下	50.57%	90.57%	8.39%	24.15%	17.1%	5.49%	965
51 小时~100 小时	67.21%	91.89%	16.22%	43.6%	26.49%	7.57%	555
101 小时以上	53.68%	84.21%	24.21%	65.26%	31.58%	17.89%	95

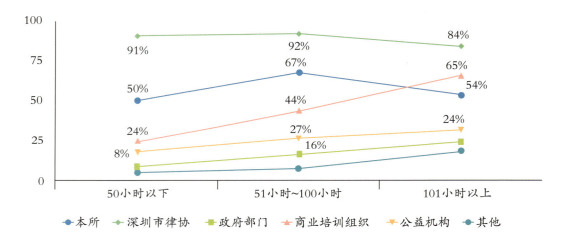

◆ 培训类型与培训时间交叉对比图

问卷调查显示，不论参加职业（执业）培训时间的多少，律协、律所、商业组织的培训仍然排列前三甲，其中培训时间达到 101 个小时以上的青年律师参与商业培训的比例首次超过了参与本所培训的比例。

培训类型与对律所的认同感 ▶▶▶

X＼Y	本所	深圳市律协	政府部门	商业培训组织	公益机构	其他	小计
很有感情、有认同感、愿意在本所发展	72.14%	89.66%	13.71%	35.26%	20.78%	6.09%	919
没有认同感，希望去更好的律所发展	27.85%	92.41%	13.29%	37.97%	20.89%	6.33%	158
无所谓，只是执业的场所而已	39.08%	91.75%	7.28%	27.18%	19.9%	9.47%	412
临时在该所，等时机成熟时离开	33.33%	91.87%	13.82%	32.52%	29.27%	5.69%	123

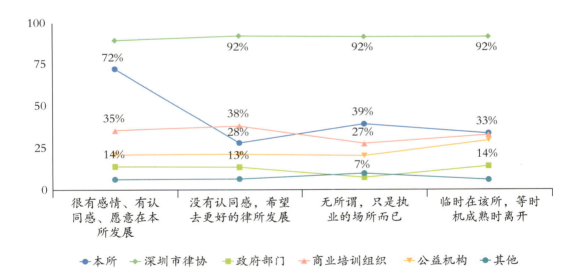

◆ 培训类型与对律所的认同感交叉对比图

问卷调查显示，表示"很有感情、有认同感、愿意在本所发展"的青年律师有72.14%参与了本所举办的培训，而表示"没有认同感、希望去更好的律所发展"的青年律师参与本所培训的比例骤降到了27.85%，而且是所有认同感受类型中的最低占比。

二、青年律师参加深圳市律师协会组织的培训具体情况、效果评价状况

问卷调查显示，只有2.67%的青年律师表示从未参加过律师协会的培训，68.55%的青年律师表示参加过培训，但次数不多，只有18.55%的青年律师表示经常参加；32.07%的青年律师认为培训效果一般，有些还不错，23.39%的青年律师认为效果很好、很实用。可见，青年律师基本都参加过律师协会组织的培训，对培训的效果评价积极，但大部分参与培训的次数偏少。

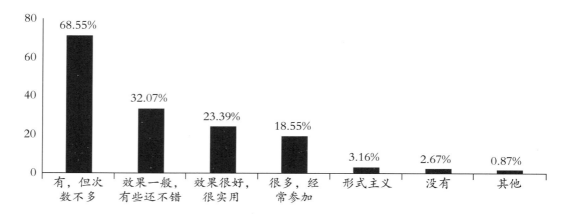

◆ 参与律协培训和评价情况

三、律所培训差异

问卷调查显示，近44%青年律师所在律所组织专题学习培训和案件讨论为不定期举行，定期举行的只有26.18%，基本不举行的有25.37%，律所组织专题学习培训和案件讨论的力度明显不足。

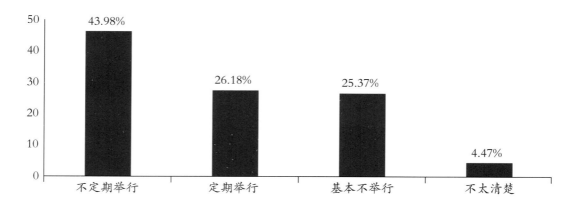

◆ 律所组织培训情况

律所培训与诉讼业务领域 〉〉〉

X \ Y	定期举行	不定期举行	基本不举行	不太清楚	小计
民商事	22.69%	44.64%	28.5%	4.17%	1344
刑事	21.04%	42.64%	30.17%	6.15%	537
行政	22.54%	38.03%	30.99%	8.45%	71
劳动争议	20.37%	42.78%	33.11%	3.74%	589
知识产权	25.71%	47.14%	24.29%	2.86%	140
涉外商事诉讼	32.76%	43.1%	20.69%	3.45%	58
房地产	26.27%	42.37%	27.97%	3.39%	354
公司清算和破产	25.96%	43.27%	27.88%	2.88%	104
其他	29.41%	38.24%	23.53%	8.82%	34

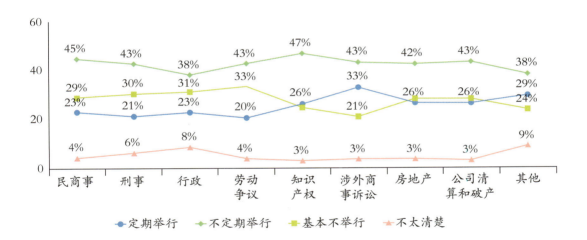

◆ 律所培训与诉讼业务类型交叉对比图

问卷调查显示，在排除"其他"选项后，从事涉外商事诉讼领域的青年律师所在律所定期组织培训的比例最高，为33%，其次为房地产、公司清算和破产领域。

律所培训与非诉讼业务领域

X \ Y	定期举行	不定期举行	基本不举行	不太清楚	小计
公司	29.55%	45.72%	20.99%	3.74%	748
建筑与房地产	34.78%	44.78%	16.96%	3.48%	230
仲裁	21.5%	50.47%	25.23%	2.8%	107
金融	37.5%	46.25%	12.92%	3.33%	240
证券	41.07%	50%	4.76%	4.17%	168
保险	39.13%	34.78%	8.7%	17.39%	23
知识产权	32.47%	50.65%	15.58%	1.3%	77
涉外	54.24%	37.29%	5.08%	3.39%	59
其他	31.25%	37.5%	26.56%	4.69%	64

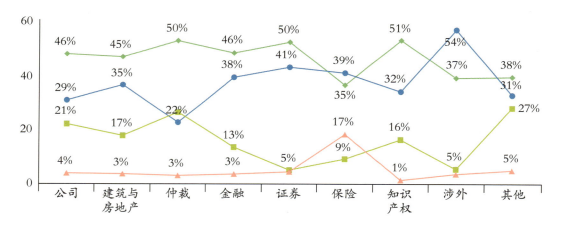

◆ 律所培训与非诉讼业务类型交叉对比图

　　问卷调查显示，在排除"其他"选项后，从事涉外领域的青年律师所在律所定期组织培训的比例最高，为54%，其次为证券领域41.07%，保险领域39.13%。

律所培训与客户类型 >>>>

X \ Y	定期举行	不定期举行	基本不举行	不太清楚	小计
个人类客户占多数	19.3%	42.24%	32.2%	6.26%	767
中小企事业单位占多数	30.3%	47.03%	19.7%	2.97%	472
大型企事业单位占多数	48.85%	40.46%	10.69%	0%	131
政府机构占多数	38.46%	46.15%	7.69%	7.69%	26
各种类型客户差不多	25.93%	47.09%	25.4%	1.59%	189
其他	29.63%	33.33%	18.52%	18.52%	27

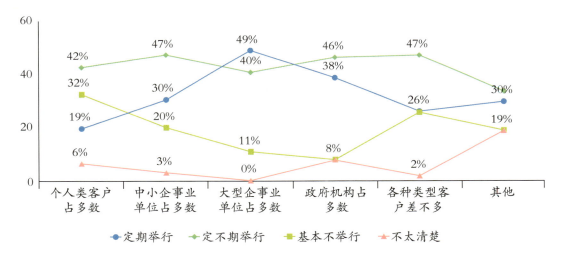

◆ 律所培训与客户类型交叉对比图

问卷调查显示，在排除"其他"选项后，大型企事业单位客户占多数的青年律师所在的律所定期组织培训的比例最高，为 49%，其次是政府机构客户占多数的为 38%、中小企事业单位客户占多数的为 30%。

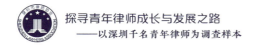

律所培训与律所决策模式 ▶▶▶

X \ Y	定期举行	不定期举行	基本不举行	不太清楚	小计
主要由事务所主任、合伙人或实际控制人决定	25.81%	45.21%	25.08%	3.9%	1232
青年律师参与度高	45.32%	48.92%	2.88%	2.88%	139
只有涉及青年律师的事项才征求其意见	20.21%	44.68%	27.66%	7.45%	94
基本没有征求青年律师意见	14.97%	28.57%	47.62%	8.84%	147

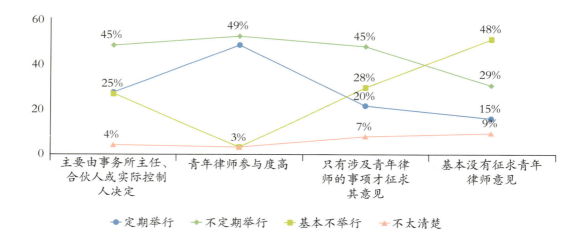

◆ 律所培训与律所决策模式交叉对比图

问卷调查显示，青年律师参与决策度高的律所定期组织培训的比例最高，基本没有征求青年律师意见的律所定期组织培训的比例最低，前者是后者的三倍。

四、培训时间差异

受访的青年律师中，59.74%的青年律师参与培训的时间在 50 个小时以下，34.37%在 51 小时~100 个小时之间，5.89%在 101 个小时以上。

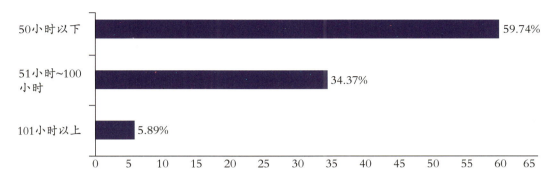

◆ 青年律师每年参与培训的时间表

培训时间与诉讼业务类型 》》》

X \ Y	50 小时以下	51 小时~100 小时	101 小时以上	小计
民商事	61.18%	33.76%	5.07%	1342
刑事	60.52%	32.77%	6.7%	537
行政	57.75%	38.03%	4.23%	71
劳动争议	60.88%	33.33%	5.78%	588
知识产权	50.36%	43.88%	5.76%	139
涉外商事诉讼	55.17%	36.21%	8.62%	58
房地产	55.93%	38.98%	5.08%	354
公司清算和破产	51.92%	37.5%	10.58%	104
其他	38.24%	44.12%	17.65%	34

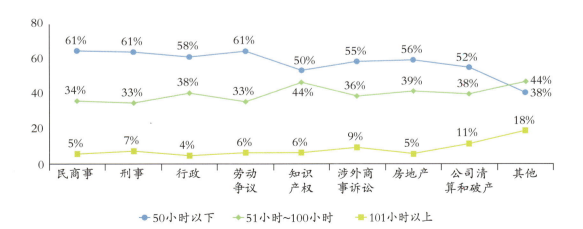

◆ 培训时间与诉讼业务类型交叉对比图一

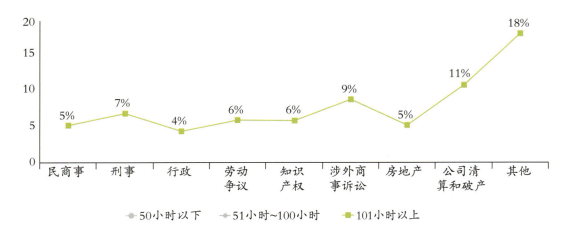

◆ 培训时间与诉讼业务类型交叉对比图二

问卷调查显示，从事公司清算和破产、涉外商事诉讼的青年律师培训时间在 101 个小时以上的比例相对较高。

培训时间与非诉讼业务类型 ▷▷▷▷

X \ Y	50 小时以下	51 小时~100 小时	101 小时以上	小计
公司	55.02%	38.15%	6.83%	747
建筑与房地产	54.35%	40.43%	5.22%	230
仲裁	49.53%	42.06%	8.41%	107
金融	54.58%	36.67%	8.75%	240
证券	57.74%	34.52%	7.74%	168
保险	56.52%	30.43%	13.04%	23
知识产权	50.65%	40.26%	9.09%	77
涉外	49.15%	40.68%	10.17%	59
其他	54.69%	32.81%	12.5%	64

◆ 培训时间与非诉讼业务类型交叉对比图一

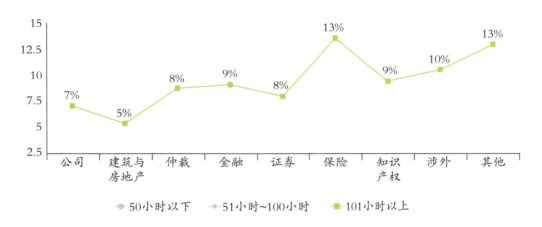

◆ 培训时间与非诉讼业务类型交叉对比图二

问卷调查显示，从事保险、涉外、知识产权、金融业务的青年律师培训时间在 101 个小时以上的比例相对较高。

培训时间与业务类型 〉〉〉

X \ Y	诉讼业务	非诉业务	综合性	根据律所和指导律师的分配决定	小计
50 小时以下	47.04%	10.38%	37.69%	4.88%	963
51 小时~100 小时	38.63%	12.64%	44.95%	3.79%	554
101 小时以上	33.68%	12.63%	47.37%	6.32%	95

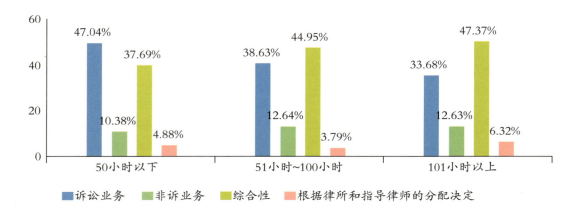

◆ 培训时间与业务类型交叉对比图

问卷调查显示，每年参与培训在 50 个小时以上的青年律师中，综合性业务的比例最高，一定程度上说明从事综合性业务的青年律师投入学习的时间更多。

五、发表论文差异

问卷调查显示，深圳青年律师在相关杂志上发表法律专业文章的篇数或在市级以上法律类论文研讨会上获奖极少，没有发表过任何专业文章或没有在市级以上法律类论文研讨会上获奖的比例占到了 91.63%，发表 1~3 篇的仅为 7.07%。

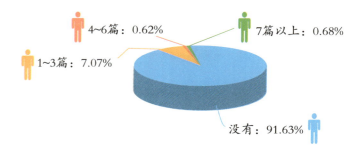

发表论文与律所职务 〉〉〉〉〉

排除没有发表过法律专业文章的青年律师，将青年律师在律所的职位与发表过法律专业文章的情况交叉对比，可以发现，执行主任或执行合伙人职位的青年律师发表 7 篇以上专业文章的比例高于其他职位的青年律师，主任职位的青年律师发表 1~3 篇的比例高于其他职位的青年律师。

X＼Y	没有	1~3 篇	4~6 篇	7 篇以上	小计
主任	82.22%	15.56%	0%	2.22%	45
执行主任或执行合伙人	73.53%	14.71%	2.94%	8.82%	34
合伙人	84.05%	13.62%	1.17%	1.17%	257
专职律师	93.98%	5.24%	0.47%	0.31%	1279

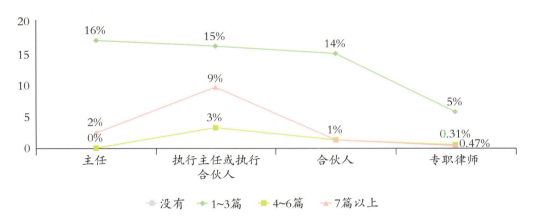

◆ 发表论文与律所职务交叉对比图

六、专业领域学习期望

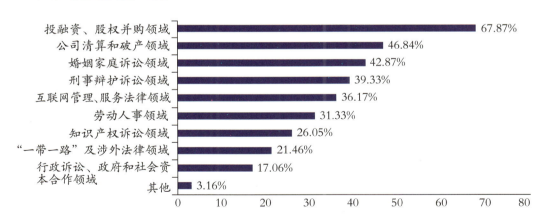

◆ 青年律师期望专业学习提高的业务领域

问卷调查显示，投融资、股权并购领域，公司清算和破产领域，婚姻家庭诉讼领域，刑事辩护诉讼领域，互联网管理、服务法律领域的需求居于前五，在"其他"选项中，青年律师对于房地产领域、建筑工程领域、公司治理领域的需求也较多。

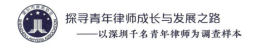

业务类型与期望领域 》》》》

X \ Y	投融资、股权并购	婚姻家庭诉讼	劳动人事领域	公司清算和破产	刑事辩护诉讼	知识产权诉讼	行政诉讼、政府和社会资本合作	互联网管理、服务法律	"一带一路"及涉外法律	其他	小计
诉讼业务	58.49%	50.21%	34.95%	42.8%	47.08%	26.68%	16.55%	32.24%	18.69%	3.42%	701
非诉业务	79.78%	24.59%	21.31%	38.8%	12.57%	18.03%	13.11%	33.88%	24.59%	4.37%	183
综合性	74.89%	39.12%	28.77%	52.51%	37.75%	26.79%	18.42%	40.79%	22.98%	1.98%	657
根据律所和指导律师的分配决定	66.22%	51.35%	43.24%	54.05%	44.59%	33.78%	18.92%	37.84%	25.68%	8.11%	74

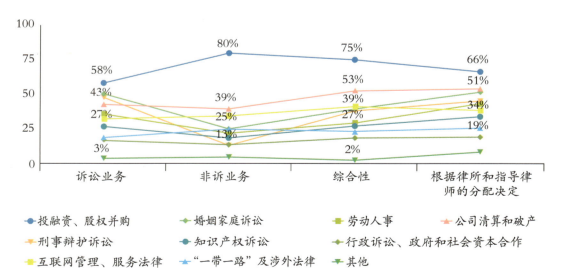

◆ 目前业务类型与期望提高的专业领域交叉对比图

问卷调查显示，不论何种业务类型，投融资、股权并购领域的需求稳居第一，需求排第二、第三的根据业务类型不同有所不同，具体为诉讼业务类型的为婚姻家庭诉讼领域、刑事辩护诉讼领域，非诉讼业务类型的为公司清算和破产领域、互联网管理服务法律领域，综合性业务类型的为公司清算和破产领域、互联网管理服务法律领域，根据分配决定业务类型的为公司清算和破产领域、婚姻家庭诉讼领域。

小 结 >>>

绝大部分青年律师选择参与律师协会和本所举办的培训进行学习，对律师协会举办的培训学习认可度较高，但参与次数较少；中小律所对青年律师的培训学习重视不够、投入不足，远远不能满足青年律师的学习需求，直接影响了青年律师对本所是否有认同感、是否愿意继续在本所发展；青年律师参加职业（执业）培训的时间不足，很少发表法律专业文章，专业研究能力有待提高；青年律师希望法律业务研修班的研修领域为投融资、股权并购领域，公司清算和破产领域，婚姻家庭诉讼领域，刑事辩护诉讼领域，互联网管理、服务法律领域等。

第五节　工作时间的差异

问卷调查显示，青年律师目前工作的时间差异较大，有 38.59% 的青年律师每天工作时间超过 8 小时，只有 15.63% 的青年律师因为业务不多，工作时间较为宽裕。

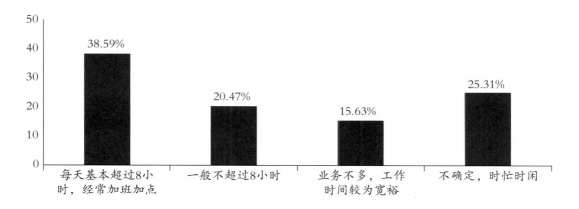

◆ 青年律师工作时间现状比例图

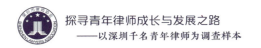

业务类型与工作时间 >>>>

X \ Y	每天基本超过8小时，经常加班加点	一般不超过8小时	业务不多，工作时间较为宽裕	不确定，时忙时闲	小计
诉讼业务	31.62%	24.03%	19.74%	24.61%	699
非诉业务	60.44%	15.38%	6.59%	17.58%	182
综合性	39.57%	19.18%	14.76%	26.48%	657
根据律所和指导律师的分配决定	41.89%	10.81%	6.76%	40.54%	74

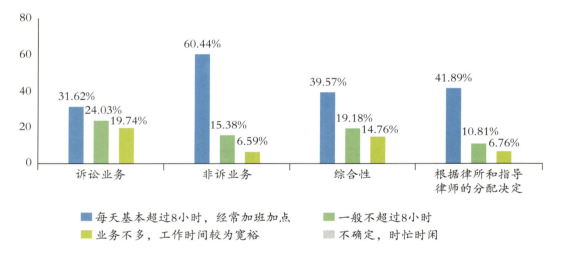

◆ 业务类型与工作时间交叉对比图

问卷调查显示，从事非诉讼业务的青年律师每天工作时间超过8小时的比例，与从事诉讼业务的青年律师相比，高出近一倍。

诉讼业务领域与工作时间 >>>>

X \ Y	每天基本超过8小时，经常加班加点	一般不超过8小时	业务不多，工作时间较为宽裕	不确定，时忙时闲	小计
民商事	35.25%	21.09%	17.21%	26.45%	1342
刑事	34.26%	21.97%	16.39%	27.37%	537

续表

X＼Y	每天基本超过 8 小时，经常加班加点	一般不超过 8 小时	业务不多，工作时间较为宽裕	不确定，时忙时闲	小计
行政	40.85%	18.31%	15.49%	25.35%	71
劳动争议	33.5%	19.9%	17.86%	28.74%	588
知识产权	39.57%	22.3%	12.23%	25.9%	139
涉外商事诉讼	55.17%	20.69%	8.62%	15.52%	58
房地产	37.29%	22.6%	11.3%	28.81%	354
公司清算和破产	47.12%	18.27%	7.69%	26.92%	104
其他	35.29%	23.53%	20.59%	20.59%	34

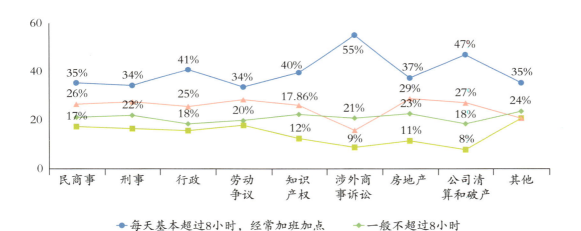

◆ 诉讼业务领域与工作时间交叉对比图

问卷调查显示，从事涉外商事诉讼和公司破产清算业务的青年律师工作时间超出其他诉讼业务律师。

非诉讼业务领域与工作时间 〉〉〉〉

X＼Y	每天基本超过 8 小时，经常加班加点	一般不超过 8 小时	业务不多，工作时间较为宽裕	不确定，时忙时闲	小计
公司	42.97%	18.88%	12.05%	26.1%	744
建筑与房地产	49.13%	17.83%	7.83%	25.22%	230

续表

X\Y	每天基本超过8小时，经常加班加点	一般不超过8小时	业务不多，工作时间较为宽裕	不确定，时忙时闲	小计
仲裁	40.19%	20.56%	11.21%	28.04%	107
金融	48.75%	19.17%	8.33%	23.75%	240
证券	60.71%	12.5%	8.93%	17.86%	168
保险	30.43%	26.09%	17.39%	26.09%	23
知识产权	50.65%	19.48%	12.99%	16.88%	77
涉外	64.41%	15.25%	6.78%	13.56%	59
其他	37.5%	17.19%	15.63%	29.69%	64

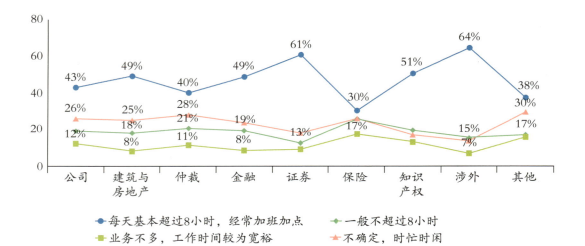

◆ 非诉讼业务领域与工作时间交叉对比图

问卷调查显示，从事涉外商事诉讼和证券业务的青年律师工作时间相比其他非诉业务的律师更长。

执业状态与工作时间 〉〉〉

X\Y	每天基本超过8小时，经常加班加点	一般不超过8小时	业务不多，工作时间较为宽裕	不确定，时忙时闲	小计
独立执业	30.33%	22.6%	20.71%	26.36%	1009
授薪律师	59.65%	16.96%	4.68%	18.71%	342

续表

X＼Y	每天基本超过8小时，经常加班加点	一般不超过8小时	业务不多，工作时间较为宽裕	不确定，时忙时闲	小计
授薪基础上，接案不受限制	42.24%	17.67%	10.34%	29.74%	232
其他	48.28%	10.34%	10.34%	31.03%	29

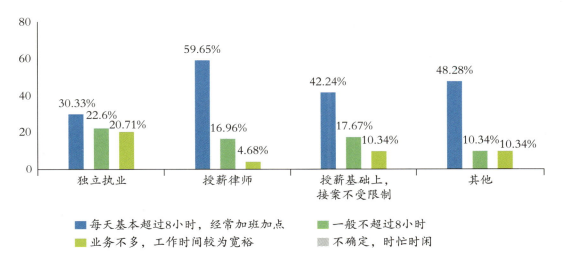

◆ 执业状态与工作时间交叉对比图

问卷调查显示，授薪律师每天工作时间超过8小时的比例，快达到独立执业的青年律师的一倍。

客户类型与工作时间

X＼Y	每天基本超过8小时，经常加班加点	一般不超过8小时	业务不多，工作时间较为宽裕	不确定，时忙时闲	小计
个人类客户占多数	28.29%	20.86%	23.6%	27.25%	767
中小企事业单位占多数	48.73%	20.76%	8.9%	21.61%	472
大型企事业单位占多数	65.65%	19.08%	2.29%	12.98%	131
政府机构占多数	57.69%	23.08%	7.69%	11.54%	26

续表

X\Y	每天基本超过8小时，经常加班加点	一般不超过8小时	业务不多，工作时间较为宽裕	不确定，时忙时闲	小计
各种类型客户差不多	35.45%	17.99%	11.64%	34.92%	189
其他	25.93%	25.93%	7.41%	40.74%	27

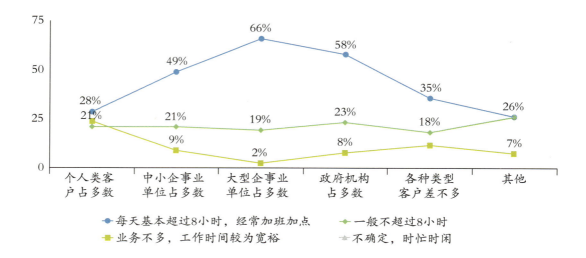

◆ 客户类型与工作时间交叉对比图

问卷调查显示，客户类型多为大型企事业单位的青年律师工作时间最长，其次是政府机构和中小企事业单位，客户类型多为个人类客户的青年律师工作时间相对较短。

薪资方式与工作时间

X\Y	每天基本超过8小时，经常加班加点	一般不超过8小时	业务不多，工作时间较为宽裕	不确定，时忙时闲	小计
授薪（固定收入）	54.24%	15.59%	6.1%	24.07%	295
授薪加业务提成	51.91%	19.43%	6.05%	22.61%	314
业务提成	40.26%	20.78%	16.88%	22.08%	77
扣除管理费和税费后，余额归己	28.6%	22.62%	22.06%	26.72%	902
其他	41.67%	12.5%	12.5%	33.33%	24

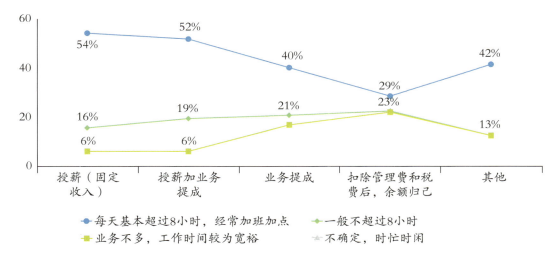

◆ 薪资方式与工作时间交叉对比图

问卷调查显示，授薪律师每天工作时间超过 8 小时的比例最高，显示其工作十分忙碌，而"扣除管理费和税费后余额归己"的薪资方式"工作时间较为宽裕"比例较高，显示出其支配工作时间拥有较多的自主权，这一结论也与青年律师的执业状态的交叉对比结果一致。

第六节　业务发展困境及执业环境

一、青年律师认为其业务发展主要困境

问卷调查显示，高达 82.32% 的青年律师认为"社会人脉资源不足"是主要的困境。

专业能力提升问题也是青年律师的业务困境比较重要的因素。其中，40.69% 的青年律师认为"专业知识、理论基础不扎实"是主要困境；有 44.17% 的青年律师认为"缺乏系统培训"是主要困境。有 67.49% 的青年律师认为"难以接触高端业务"是业务发展的困境，该因素是案源及专业能力的结合。

"其他"选项填写的内容也主要集中为团队建设与管理、案源拓展及时间问题。

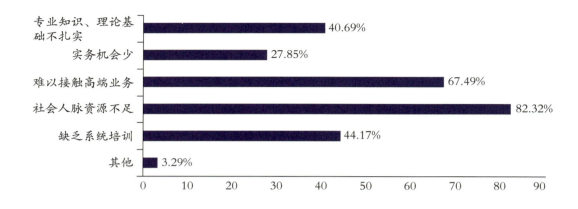

◆ 青年律师认为其业务发展主要困境比例图

青年律师认为其业务发展主要困境与性别

X＼Y	专业知识、理论基础不扎实	实务机会少	难以接触高端业务	社会人脉资源不足	缺乏系统培训	其他	小计
男	37.89%	24.97%	69.97%	79.12%	42.2%	3.34%	929
女	44.51%	31.77%	64.13%	86.68%	46.85%	3.22%	683

　　问卷调查显示，面对青年律师认为其业务发展困境的各选项中，只有"难以接触高端业务"的比例中男律师超过女律师，其他困境中，女律师的比例均超过男律师，尤其是"社会人脉资源不足"的困境，女律师高出男律师的比例最多。

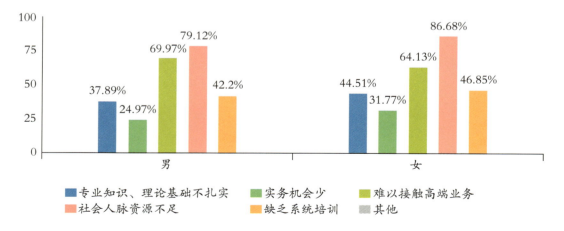

◆ 青年律师认为其业务发展主要困境与性别交叉对比图

青年律师认为其业务发展主要困境与年龄 〉〉〉〉

问卷调查显示，随着年龄的增长，青年律师认为业务发展的各种困境呈现一定比例的降低，但唯一例外的是"难以接触高端业务"，这一项是各个年龄段的青年律师业务发展的主要困境，并没有随着年龄的增长而降低。

X \ Y	专业知识、理论基础不扎实	实务机会少	难以接触高端业务	社会人脉资源不足	缺乏系统培训	其他	小计
25 周岁以下	55.34%	43.69%	60.19%	95.15%	51.46%	0.97%	103
26~30 周岁	45.75%	31.86%	66.5%	89.38%	48.37%	2.29%	612
31~35 周岁	39.88%	27.75%	67.24%	79.19%	43.55%	2.89%	519
36~40 周岁	29.63%	17.2%	71.43%	71.69%	36.24%	6.08%	378

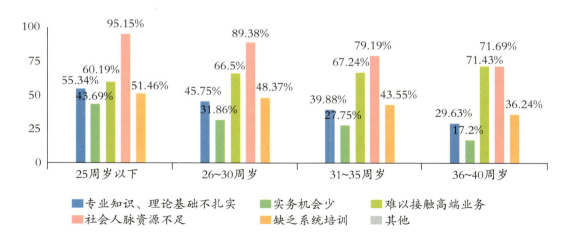

◆ 青年律师认为其业务发展主要困境与年龄交叉对比图

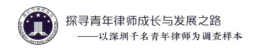
青年律师认为其业务发展主要困境与执业年限 〉〉〉〉

问卷调查显示，随着执业年限的增长，青年律师认为业务发展的困境呈现一定比例的降低，但"难以接触高端业务"始终是青年律师业务发展的主要困境，并没有随着执业年限的增长而降低。

X\Y	专业知识、理论基础不扎实	实务机会少	难以接触高端业务	社会人脉资源不足	缺乏系统培训	其他	小计
1年以下	51.98%	42.94%	63.84%	87.29%	53.11%	2.26%	354
1~3年	44.97%	28.08%	65.46%	85.96%	46.49%	1.52%	527
4~5年	40.67%	25.67%	75%	80%	45%	2.67%	300
6~10年	25.43%	19.08%	67.92%	77.75%	34.68%	5.78%	346
11年以上	29.41%	7.06%	67.06%	65.88%	28.24%	10.59%	85

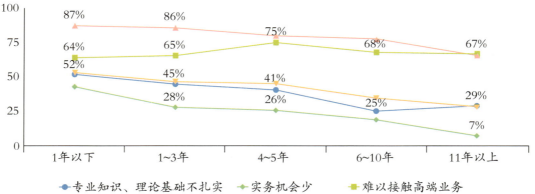

◆ 青年律师认为其业务发展主要困境与执业年限交叉对比图

青年律师认为其业务发展主要困境与业务类型 》》》》

问卷调查显示，从事诉讼业务的青年律师，认为目前难以接触高端业务的困境远高于从事非诉讼业务的青年律师；同时，认为自身缺乏系统培训的诉讼律师的比例也超过从事非诉讼业务的青年律师。

X＼Y	专业知识、理论基础不扎实	实务机会少	难以接触高端业务	社会人脉资源不足	缺乏系统培训	其他	小计
诉讼业务	43.92%	26.04%	72.68%	85.41%	45.35%	2.15%	699
非诉业务	33.52%	17.03%	42.31%	79.67%	27.47%	6.59%	182

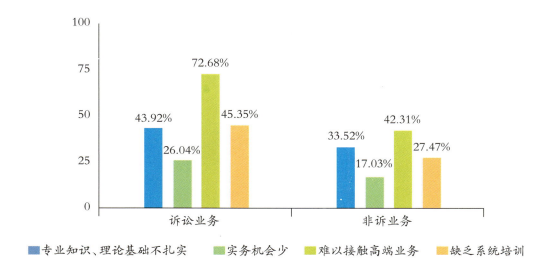

◆ 青年律师认为其业务发展主要困境与业务类型交叉对比图

上述关联对比结果说明，从事诉讼业务的青年律师，相比从事非诉讼业务的青年律师，更加面临缺乏高端业务和系统培训的执业困境。而高端业务因其业务特点，往往更需要进行系统培训。因此，无论是律师协会、律所，还是青年律师自身，都应当重视对业务能力进行系统化培训，从而帮助青年律师拓展高端法律业务的空间。

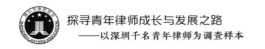

青年律师认为其业务发展主要困境与客户类型 〉〉〉〉

问卷调查显示，受限于案源及专业能力，青年律师服务的客户类型集中在个人类客户及中小企事业单位客户，服务大型企事业单位及政府机构类客户比例较低，也进一步反映了业务发展困境的情况。

X\Y	专业知识、理论基础不扎实	实务机会少	难以接触高端业务	社会人脉资源不足	缺乏系统培训	其他	小计
个人类客户占多数	45.37%	32.07%	75.75%	86.44%	49.8%	1.83%	767
中小企事业单位占多数	37.29%	24.79%	70.34%	79.24%	42.8%	2.12%	472
大型企事业单位占多数	38.17%	16.03%	28.24%	74.05%	23.66%	9.92%	131
政府机构占多数	46.15%	38.46%	50%	73.08%	38.46%	3.85%	26
各种类型客户差不多	33.33%	24.87%	61.38%	82.01%	41.27%	4.76%	189
其他	25.93%	29.63%	33.33%	70.37%	33.33%	22.22%	27

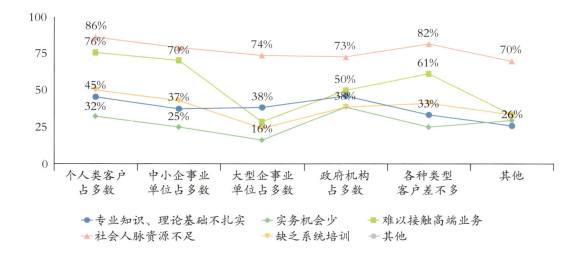

二、青年律师认为影响其成长执业环境的主要问题

问卷调查显示，80.21%的受访青年律师认为，"竞争激烈、压力大、同行相斥、争相压价"是影响青年律师成长执业环境的主要问题；73.64%的青年律师认为，"社会对青年律师认同度不高、案源少"是影响青年律师成长执业环境的主要问题；42.18%的青年律师认为"律师执业权利得不到保障"是影响执业环境的主要问题；40.88%的青年律师认为"执业环境不好，司法环境有待提升"是影响执业环境的主要问题。

"其他"选项中填写的内容主要集中为专业系统的培训少、青年律师社会资源有限、执业成本高等。

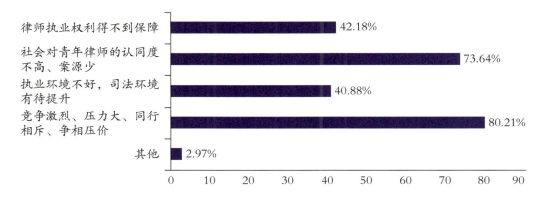

◆ 青年律师认为影响其成长执业环境的主要问题比例图

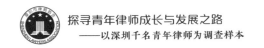
三、青年律师认为当前制约其执业发展的主要因素

通过设置主观题"你认为当前制约青年律师执业发展的主要因素有哪些",经过数据判断和分析,显示答案可归入:"案源问题或缺乏业务"等内容的,共 507 个(其中"案源"字样 478 个,"人脉"字样 95 个,综合考虑同时出现上述字样的因素得出),按 1244 个(包括填写或不填写的人数)填写人数来统计,可以看出有 40.76% 的青年律师认为,案源是制约青年律师执业发展的主要因素。

通过上述方式检索,可归入"专业能力、办案技能不足"等内容的,共 238 个,可归入"执业经验不足"等内容的,共 99 个。上述两项可归结为专业能力问题,约为 337 个,约占 27.09%,可以看出有 27.09% 的青年律师认为,专业能力是制约青年律师执业发展的主要因素。

小　结 》》》

（1）案源及专业能力问题成为影响青年律师执业最为关键的问题。综合数据分析,目前制约青年律师业务发展的两大因素分别为:社会人脉资源不足(即案源问题),有高达 82.32% 的青年律师认为是主要的困境;专业知识、理论基础不扎实(即专业能力问题),也有 40.69% 的青年律师认为是主要困境;而有 40.76% 的青年律师认为案源是制约其执业发展的主要因素;有 27.09% 的青年律师认为专业能力问题其制约是执业发展的主要因素。

（2）在青年律师的执业环境方面,高达 80.21% 的青年律师认为,"竞争激烈、压力大、同行相斥、争相压价"是影响青年律师成长执业环境的主要问题。也就是说,青年律师认为影响执业环境的问题来自同行,来自律师行业自身,这个现象需要引起重视。

有 73.64% 的青年律师认为,"社会对青年律师认同度不高、案源少"是影响青年律师成长执业环境的主要问题,这也符合前面的分析,案源及专业能力是青年律师需予以解决的问题。

有 42.18% 的青年律师认为"律师执业权利得不到保障",有 40.88% 的青年律师认为"执业环境不好,司法环境有待提升"是影响执业环境的主要问题。就律师的执业权利保护及司法环境层面,依然有接近一半的青年律师认为是影响执业环境的主要问题,这说明在律师权利保护和司法环境层面需要进行较大的改善。

第四章　律所对青年律师业务拓展的影响

第一节　受调查青年律师执业律所的特点

受调查青年律师所在律所规模 >>>>

（1）受访青年律师近三成在 101 人以上规模的律所执业。

选　项	小　计	比　例
101 人以上	478	29.65%
51~100 人	324	20.1%
31~50 人	210	13.03%
11~30 人	394	24.44%
10 人以下	206	12.78%
本题有效填写人次	1612	

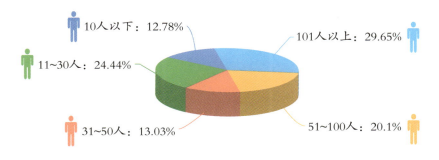

◆ 青年律师执业所在律所规模比例图

（2）受访青年律师在 31~50 人规模的律所执业的男青年律师占比与在该规模律所执业的女青年律师占比接近。

X\Y	101 人以上	51~100 人	31~50 人	11~30 人	10 人以下	小计
男	26.8%	20.56%	13.02%	25.51%	14.1%	929
女	33.53%	19.47%	13.03%	22.99%	10.98%	683

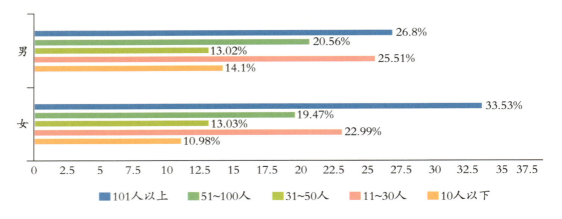

◆ 执业律所规模与性别交叉对比图

（3）受访的青年律师中，25 周岁以下的青年律师在 101 人以上规模律所的占比略高于其他年龄阶段的青年律师。36~40 周岁的青年律师在 11~30 人规模律所的占比超过 101 人以上规模律所。

X\Y	101 人以上	51~100 人	31~50 人	11~30 人	10 人以下	小计
25 周岁以下	32.04%	23.3%	9.71%	28.16%	6.8%	103
26~30 周岁	31.21%	18.79%	13.24%	24.18%	12.58%	612
31~35 周岁	31.21%	19.27%	14.64%	22.54%	12.33%	519
36~40 周岁	24.34%	22.49%	11.38%	26.46%	15.34%	378

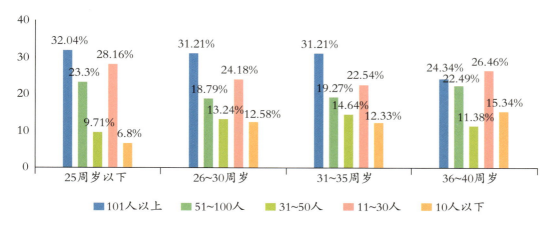

◆ 执业律所规模与年龄交叉对比图

（4）受访的青年律师中，执业年限为 6～10 年的青年律师在 31～50 人规模的律所执业的比例，比其他规模的律所执业的青年律师比例略高。

X \ Y	101 人以上	51～100 人	31～50 人	11～30 人	10 人以下	小计
1 年以下	30.51%	21.47%	9.6%	25.71%	12.71%	354
1～3 年	33.02%	20.49%	12.52%	23.34%	10.63%	527
4～5 年	26.33%	18.67%	14.67%	26.33%	14%	300
6～10 年	27.75%	17.92%	17.34%	21.97%	15.03%	346
11 年以上	24.71%	25.88%	7.06%	29.41%	12.94%	·85

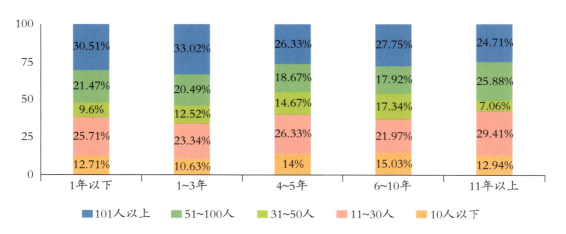

◆ 执业律所规模与执业年限交叉对比图

（5）受访的青年律师中，执业于 10 人以下规模律所的青年律师在律所职位为主任的比例远高于执业于其他规模律所的比例。

X\Y	101 人以上	51~100 人	31~50 人	11~30 人	10 人以下	小计
主任	4.44%	4.44%	2.22%	24.44%	64.44%	45
执行主任或执行合伙人	0%	11.76%	17.65%	41.18%	29.41%	34
合伙人	27.63%	25.29%	12.84%	26.46%	7.78%	257
专职律师	31.74%	19.83%	13.32%	23.59%	11.52%	1276

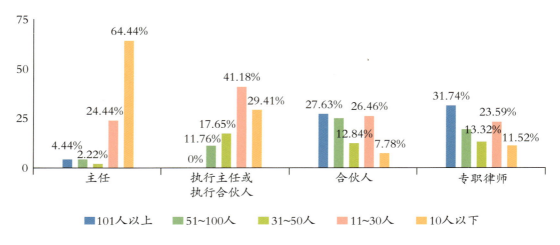

◆ 执业律所规模与律所职位交叉对比图

（6）受访的青年律师中，个人所多为 10 人以下规模律所，公司制、合伙制结合律所中，四成以上为 101 人以上规模律所。

X\Y	101 人以上	51~100 人	31~50 人	11~30 人	10 人以下	小计
合伙制所	30.4%	21.73%	13.51%	25.7%	8.66%	1362
个人制所	1.02%	3.06%	2.04%	15.31%	78.57%	98
公司制所	41.67%	12.5%	16.67%	19.44%	9.72%	72
公司制、合伙制结合所	41.25%	20%	15%	18.75%	5%	80

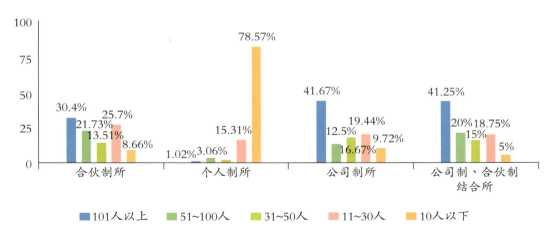

◆ 执业律所体制与律所规模交叉对比图

（7）受访的青年律师中，福田区的青年律师四成以上在 101 人以上规模律所执业。

X \ Y	101 人以上	51~100 人	31~50 人	11~30 人	10 人以下	小计
宝安区	4.44%	32.78%	25%	18.89%	18.89%	180
龙岗区	0.65%	12.99%	18.83%	40.91%	26.62%	154
南山区	4.48%	22.39%	17.16%	38.06%	17.91%	134
福田区	44.63%	18.7%	9.14%	20.4%	7.12%	941
罗湖区	25%	19.08%	15.79%	27.63%	12.5%	152
盐田区	0%	0%	0%	0%	100%	3
龙华区	12.5%	25%	7.5%	27.5%	27.5%	40
坪山区	0%	0%	0%	12.5%	87.5%	8

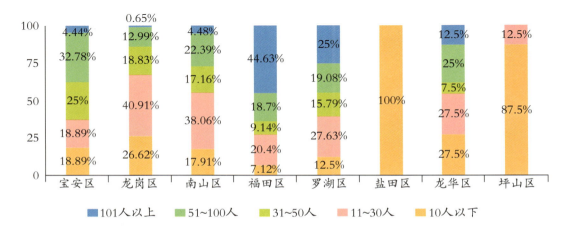

◆ 执业律所规模与执业所在行政区交叉对比图

小 结

　　问卷调查显示，受访的青年律师近三成在 101 人以上规模律所执业，结合青年律师的性别、执业年限、律所职位来看，31 ~ 50 人规模律所执业的男青年律师占比与在该规模律所执业的女青年律师占比接近；执业年限为 6 ~ 10 年的青年律师在 31 ~ 50 人规模律所执业的比例比其他规模律所执业的比例略高；10 人以下规模律所的青年律师在律所职位为主任的比例远高于执业于其他规模的律所的青年律师比例。结合律所的组织形式、业务特点、地域来看，个人律所多为 10 人以下规模律所，公司制、合伙制结合律所四成以上为 101 人以上规模律所，101 人以上规模律所集中在福田区。

律所决策模式

　　（1）问卷调查显示，青年律师在律所决策模式中参与度较低。

选 项	小 计	比 例
主要由事务所主任、合伙人或实际控制人决定	1232	76.43%
青年律师参与度高	139	8.62%
只有涉及青年律师的事项才征求其意见	94	5.83%
基本没有征求青年律师意见	147	9.12%
本题有效填写人次	1612	

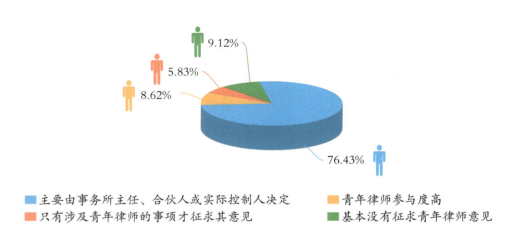

主要由事务所主任、合伙人或实际控制人决定　　青年律师参与度高
只有涉及青年律师的事项才征求其意见　　基本没有征求青年律师意见

◆ 青年律师所在律所决策模式比例图

（2）问卷调查显示，以非诉业务为主的律所的青年律师比以诉讼业务为主的律所的青年律师，在律所的决策中参与程序较高。

X \ Y	主要由事务所主任、合伙人或实际控制人决定	青年律师参与度高	只有涉及青年律师的事项才征求其意见	基本没有征求青年律师意见	小计
综合性业务	76.63%	8.51%	5.92%	8.95%	1352
专业性业务	73.98%	10.71%	7.14%	8.16%	196
非诉业务	82.35%	9.09%	3.21%	5.35%	187
诉讼业务	77.46%	7.23%	5.78%	9.54%	346

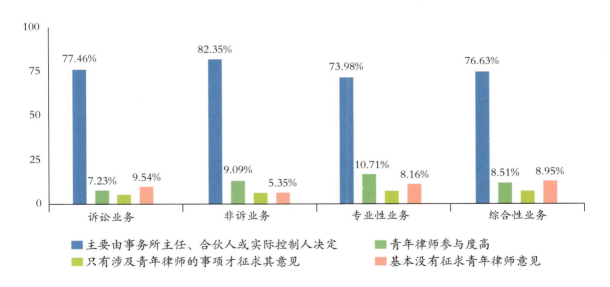

◆ 律所业务特点与律所决策模式交叉对比图

（3）问卷调查显示，31~50 人规模律所的决策模式中"基本没有征求青年律师意见"的比例和"只有涉及青年律师的事项才征求其意见"略高于其他规模的律所；10 人以下规模律所的青年律师在律所决策中的参与度略高于其他规模的律所。

X\Y	主要由事务所主任、合伙人或实际控制人决定	青年律师参与度高	只有涉及青年律师的事项才征求其意见	基本没有征求青年律师意见	小计
101 人以上	76.15%	7.74%	5.02%	11.09%	478
51~100 人	80.86%	6.79%	3.4%	8.95%	324
31~50 人	69.52%	9.05%	9.05%	12.38%	210
11~30 人	76.9%	9.14%	7.61%	6.35%	394
10 人以下	76.21%	12.14%	4.85%	6.8%	206

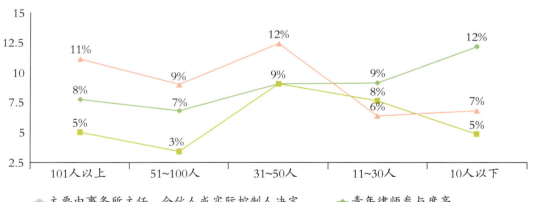

◆ 律所规模与律所决策模式交叉对比图

（4）问卷调查显示，公司制律所决策过程中青年律师参与度较高。

X \ Y	主要由事务所主任、合伙人或实际控制人决定	青年律师参与度高	只有涉及青年律师的事项才征求其意见	基本没有征求青年律师意见	小计
合伙制所	76.51%	7.86%	6.39%	9.25%	1362
个人制所	72.45%	12.24%	4.08%	11.22%	98
公司制所	75%	16.67%	2.78%	5.56%	72
公司制、合伙制结合所	81.25%	10%	1.25%	7.5%	80

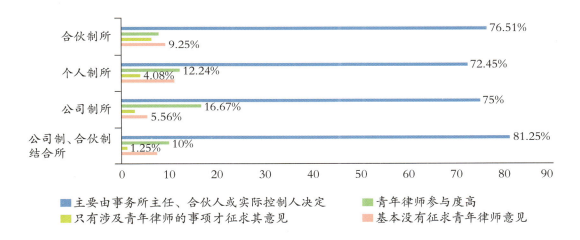

◆ 律所体制与律所决策模式交叉对比图

小　结　》》》

从整体来看，无论是从事诉讼业务或非诉讼业务的律所，青年律师参与决策的程度都还有待提高。结合律所规模、组织形式以及业务特点来看，以非诉业务为主的律所的青年律师比以诉讼业务为主的律所的青年律师，在律所的决策中参与程序更高；31~50人规模律所的决策模式中"基本没有征求青年律师意见"和"只有涉及青年律师的事项才征求其意见"的比例略高于其他规模的律所，公司制律所决策过程中青年律师的参与度高。

第二节　律所品牌

问卷调查显示，半数以上青年律师认为其所在律所的品牌对其业务拓展有一定帮助

选　项	小计	比例
非常有帮助	223	13.83%
有一定帮助	938	58.19%
没有帮助	451	27.98%
本题有效填写人次	1612	

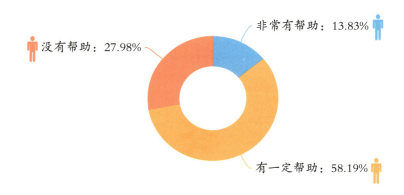

没有帮助：27.98%　　非常有帮助：13.83%　　有一定帮助：58.19%

◆ 青年律师对所在律所品牌是否对其业务拓展有帮助的比例图

问卷调查显示，个人律所执业的青年律师对律所品牌对业务拓展的认同感较差

X \ Y	非常有帮助	有一定帮助	没有帮助	小计
合伙制所	12.56%	59.47%	27.97%	1362
个人制所	6.12%	40.82%	53.06%	98
公司制所	36.11%	56.94%	6.94%	72
公司制、合伙制结合所	25%	58.75%	16.25%	80

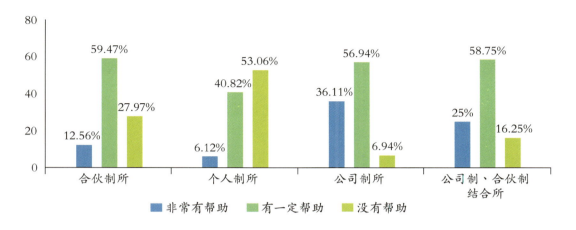

◆ 青年律师执业所在律所形式与对所在律所品牌是否对其业务拓展有帮助的交叉比例图

问卷调查显示，101 人以上规模律所执业的青年律师关于律所品牌对其业务帮助的认同感的占比相比其他规模律所执业的青年律师占比更高

X \ Y	非常有帮助	有一定帮助	没有帮助	小计
101 人以上	21.76%	70.29%	7.95%	478
51~100 人	11.73%	63.27%	25%	324
31~50 人	10.95%	53.33%	35.71%	210
11~30 人	11.93%	48.73%	39.34%	394
10 人以下	5.34%	45.15%	49.51%	206

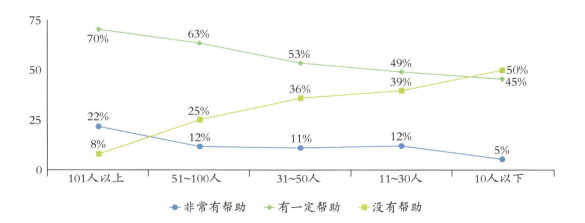

◆ 青年律师执业所在律所规模与青年律师对所在律所品牌是否对其业务拓展有帮助的交叉比例图

问卷调查显示，从事非诉讼业务的青年律师关于律所品牌对其业务帮助的认同感更高

X \ Y	非常有帮助	有一定帮助	没有帮助	小计
诉讼业务	11.87%	54.22%	33.91%	699
非诉业务	32.97%	57.69%	9.34%	182
综合性	11.11%	61.95%	26.94%	657
根据律所和指导律师的分配决定	9.46%	63.51%	27.03%	74

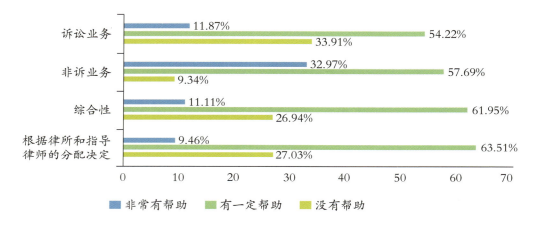

◆ 青年律师从事业务类型与律所品牌对其拓展业务的影响交叉比例图

问卷调查显示，从事金融、涉外证券类非诉讼法律服务的青年律师关于律所品牌对其业务帮助的认同感更高

X \ Y	非常有帮助	有一定帮助	没有帮助	小计
公司	14.59%	61.45%	23.96%	747
建筑与房地产	17.39%	62.17%	20.43%	230
仲裁	10.28%	66.36%	23.36%	107
金融	22.08%	60%	17.92%	240
证券	33.93%	55.36%	10.71%	168
保险	13.04%	73.91%	13.04%	23

X \ Y	非常有帮助	有一定帮助	没有帮助	小计
知识产权	16.88%	66.23%	16.88%	77
涉外	30.51%	64.41%	5.08%	59
其他	18.75%	54.69%	26.56%	64

◆ 青年律师从事非诉讼业务类型与律所品牌对其拓展业务的影响交叉比例图

问卷调查显示，律所品牌对 **20%～30%** 的青年律师的收入没有影响，加权平均后对 **16.21%** 的青年律师的收入非常有帮助，且收入高的青年律师人群中，认为律所品牌影响的比例也有所放大，但在 **50.1 万～55 万**收入区间，律所品牌对青年律师的收入影响比较均衡

X \ Y	非常有帮助	有一定帮助	没有帮助	小计
10 万元以下	8.74%	58.45%	32.82%	515
10.1～20 万元	13.84%	60.54%	25.62%	484
20.1～25 万元	12.93%	55.1%	31.97%	147
25.1～30 万元	13.4%	56.7%	29.9%	97
30.1～35 万元	23.68%	55.26%	21.05%	76
35.1～40 万元	12.77%	57.45%	29.79%	47
40.1～45 万元	9.52%	76.19%	14.29%	21

续表

X\Y	非常有帮助	有一定帮助	没有帮助	小计
45.1~50万元	10.53%	63.16%	26.32%	38
50.1~55万元	26.67%	43.33%	30%	30
55.1~60万元	19.05%	57.14%	23.81%	21
60万元以上	27.21%	54.41%	18.38%	136

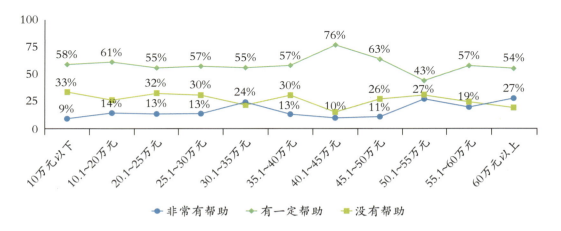

◆ 律所品牌对青年律师业务拓展是否有帮助与收入交叉对比图

问卷调查显示，客户类型中以个人类客户占多数的青年律师关于律所品牌对业务帮助的认同感较差

X\Y	非常有帮助	有一定帮助	没有帮助	小计
个人类客户占多数	9.91%	54.89%	35.2%	767
中小企事业单位占多数	14.83%	62.08%	23.09%	472
大型企事业单位占多数	40.46%	49.62%	9.92%	131
政府机构占多数	15.38%	73.08%	11.54%	26
各种类型客户差不多	8.99%	66.14%	24.87%	189
其他	11.11%	55.56%	33.33%	27

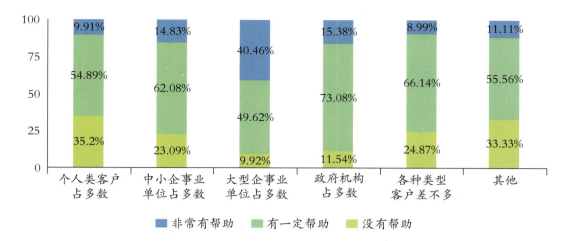

◆ 青年律师的客户类型与律所品牌对其拓展业务的影响的交叉比例图

问卷调查显示，律所提供案源的青年律师关于律所品牌对业务帮助的认同
感更高

X \ Y	非常有帮助	有一定帮助	没有帮助	小计
等待客户上门	11.04%	56.71%	32.25%	462
自寻客户	13.68%	58.96%	27.36%	614
原客户介绍	13.33%	59.79%	26.88%	863
亲友介绍	10.89%	58.78%	30.33%	900
律所提供	22.65%	55.56%	21.79%	234
指导律师或团队负责律师提供	19.11%	62.44%	18.44%	450
其他律师介绍	13.13%	61.87%	25%	396
其他	19.23%	57.69%	23.08%	26

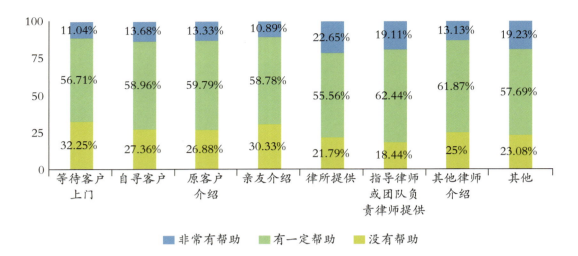

◆ 青年律师的业务来源与律所品牌对其拓展业务的影响的交叉比例图

问卷调查显示，授薪律师关于律所品牌对业务帮助的认同感略高于其他薪资制度的青年律师

X \ Y	非常有帮助	有一定帮助	没有帮助	小计
独立执业	11.79%	56.89%	31.32%	1009
授薪律师	20.47%	59.65%	19.88%	342
授薪基础上，接案不受限制	12.07%	62.5%	25.43%	232
其他	20.69%	51.72%	27.59%	29

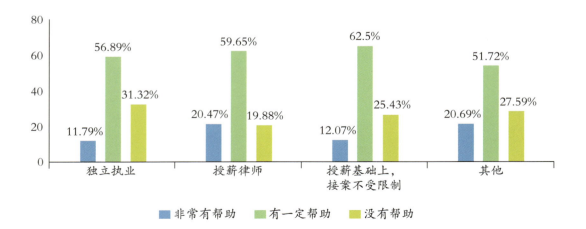

◆ 青年律师执业状态与律所品牌对其业务帮助的认同感交叉比例图

问卷调查显示，以非诉讼业务为主的律所的青年律师关于律所品牌对业务帮助的认同感更高

X \ Y	非常有帮助	有一定帮助	没有帮助	小计
诉讼业务	11.87%	54.22%	33.91%	699
非诉业务	32.97%	57.69%	9.34%	182
综合性	11.11%	61.95%	26.94%	657
根据律所和指导律师的分配决定	9.46%	63.51%	27.03%	74

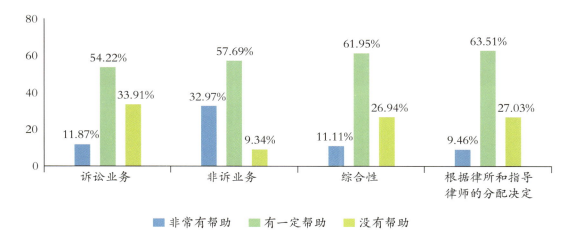

◆ 青年律师执业律所的业务特点与律所品牌对其拓展业务的影响的交叉比例图

问卷调查显示，律所决策模式中青年律师参与度高的律所的青年律师对律所品牌的认同感更高

X \ Y	非常有帮助	有一定帮助	没有帮助	小计
主要由事务所主任、合伙人或实际控制人决定	13.23%	59.66%	27.11%	1232
青年律师参与度高	30.22%	64.03%	5.76%	139
只有涉及青年律师的事项才征求其意见	11.7%	57.45%	30.85%	94
基本没有征求青年律师意见	4.76%	40.82%	54.42%	147

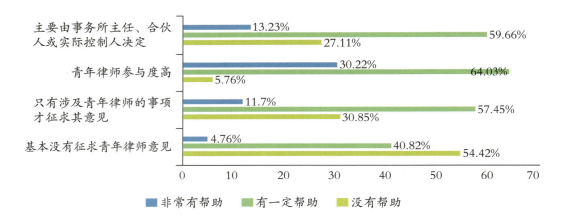

◆ 律所的决策模式与律所品牌对青年律师拓展业务的影响的交叉比例图

问卷调查显示，方便调用律所资源的青年律师关于律所品牌对业务帮助的认同感更高

X＼Y	非常有帮助	有一定帮助	没有帮助	小计
是	17.09%	64.28%	18.63%	1229
否	3.39%	38.64%	57.96%	383

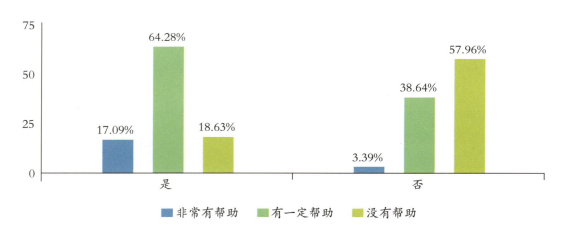

◆ 青年律师在业务需要时调用律所资源的便利性与律所品牌
对青年律师拓展业务的影响的交叉比例图

X \ Y	非常有帮助	有一定帮助	没有帮助	小计
很有感情、有认同感、愿意在本所发展	21.55%	67.36%	11.1%	919
没有认同感，希望去更好的律所发展	3.8%	34.18%	62.03%	158
无所谓，只是执业的场所而已	3.16%	52.18%	44.66%	412
临时在该所，等时机成熟时离开	4.88%	40.65%	54.47%	123

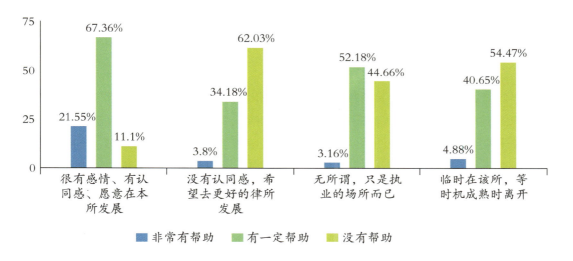

◆ 青年律师对律所认同感与律所品牌对其业务帮助的认同感交叉比例图

X \ Y	非常有帮助	有一定帮助	没有帮助	小计
完全支持，自己也在走	15.2%	59.25%	25.55%	1362
不支持，律师应该多面手	15%	46.67%	38.33%	60
无所谓，有案子就接	4.58%	50.98%	44.44%	153
其他	0%	67.57%	32.43%	37

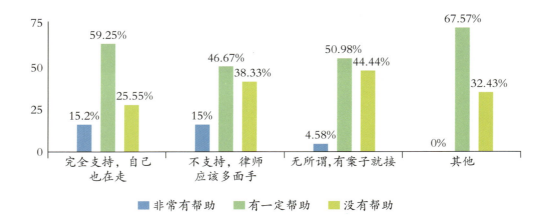

◆ 青年律师的专业化态度与律所品牌对青年律师拓展业务的影响的交叉比例图

小 结

半数以上青年律师认为其所在律所品牌对青年律师的业务拓展有一定帮助，101 人以上规模律所的青年律师关于律所品牌对业务帮助的认同感更高；从事非诉讼业务的青年律师关于律所品牌对业务帮助的认同感更高。从律师业务专业化方面来看，支持专业化的青年律师关于律所品牌对业务帮助的认同感更高。从青年律师认为所在律所需要改进的制度方面来看，关于律所品牌对业务帮助的认同感较差的青年律师认为律所需要改进的制度中关于"提升形象、树立品牌"的比例高于品牌对业务帮助认同感高的青年律师。

第三节　律所认同感

问卷调查显示，半数以上青年律师对所在律所很有感情，有认同感并愿意在本所发展

选　项	小计	比例
很有感情、有认同感、愿意在本所发展	919	57.01%
没有认同感，希望去更好的律所发展	158	9.8%
无所谓，只是执业的场所而已	412	25.56%
临时在该所，等时机成熟时离开	123	7.63%
本题有效填写人次	1612	

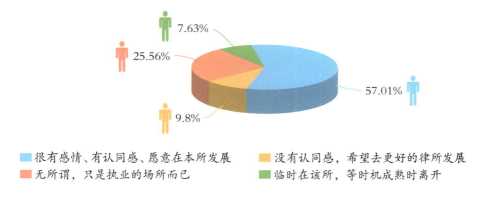

很有感情、有认同感、愿意在本所发展　　没有认同感，希望去更好的律所发展
无所谓，只是执业的场所而已　　临时在该所，等时机成熟时离开

◆ 对所在律所认同感比例图

问卷调查显示，执业于101人以上规模律所的青年律师对所在律所认同感更高，而执业于31~50人规模律所的青年律师对所在律所认同感较差

X \ Y	很有感情、有认同感、愿意在本所发展	没有认同感，希望去更好的律所发展	无所谓，只是执业的场所而已	临时在该所，等时机成熟时离开	小计
101人以上	70.08%	5.23%	21.55%	3.14%	478
51~100人	58.02%	10.8%	24.07%	7.1%	324
31~50人	43.33%	12.86%	34.29%	9.52%	210
11~30人	50.76%	11.17%	28.43%	9.64%	394
10人以下	50.97%	13.11%	22.82%	13.11%	206

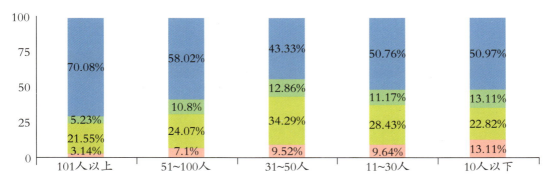

很有感情、有认同感、愿意在本所发展　　没有认同感，希望去更好的律所发展
无所谓，只是执业的场所而已　　临时在该所，等时机成熟时离开

◆ 对律所认同感与律所规模交叉对比图

问卷调查显示，执业 11 年以上的青年律师对所在律所的认同感更高

X \ Y	很有感情、有认同感、愿意在本所发展	没有认同感，希望去更好的律所发展	无所谓，只是执业的场所而已	临时在该所，等时机成熟时离开	小计
1 年以下	60. 17%	9. 32%	18. 36%	12. 15%	354
1~3 年	54. 46%	11. 01%	25. 81%	8. 73%	527
4~5 年	57%	10. 67%	25. 33%	7%	300
6~10 年	55. 78%	8. 96%	32. 08%	3. 18%	346
11 年以上	64. 71%	4. 71%	28. 24%	2. 35%	85

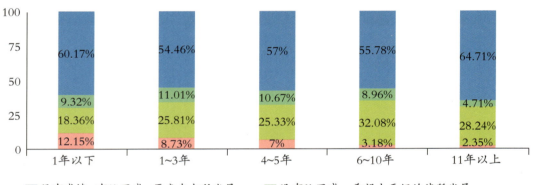

◆ 对律所认同感与执业年限交叉对比图

问卷调查显示，在个人所执业的青年律师对所在律所认同感略低

X \ Y	很有感情、有认同感、愿意在本所发展	没有认同感，希望去更好的律所发展	无所谓，只是执业的场所而已	临时在该所，等时机成熟时离开	小计
合伙制所	56. 39%	9. 84%	26. 73%	7. 05%	1362
个人制所	50%	13. 27%	22. 45%	14. 29%	98
公司制所	66. 67%	5. 56%	16. 67%	11. 11%	72

续表

X \ Y	很有感情、有认同感、愿意在本所发展	没有认同感，希望去更好的律所发展	无所谓，只是执业的场所而已	临时在该所，等时机成熟时离开	小计
公司制、合伙制结合所	67.5%	8.75%	17.5%	6.25%	80

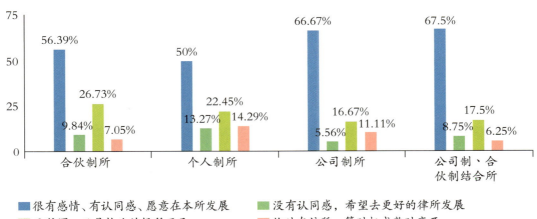

◆ 对律所认同感与律所体制交叉对比图

问卷调查显示，从事非诉讼业务的青年律师对所在律所认同感更高

X \ Y	很有感情、有认同感、愿意在本所发展	没有认同感，希望去更好的律所发展	无所谓，只是执业的场所而已	临时在该所，等时机成熟时离开	小计
诉讼业务	52.36%	10.16%	29.33%	8.15%	699
非诉业务	74.18%	7.14%	16.48%	2.2%	182
综合性	57.38%	10.35%	24.96%	7.31%	657
根据律所和指导律师的分配决定	55.41%	8.11%	17.57%	18.92%	74

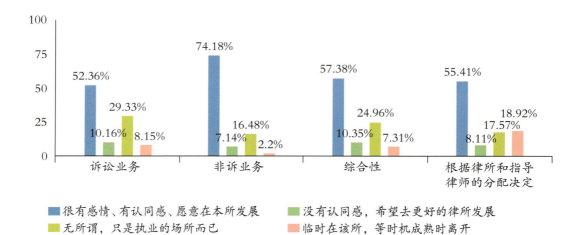

◆ 对律所认同感与业务类型交叉对比图

> 问卷调查显示，税前年收入在50.1万~55万元区间的青年律师对其所在律所的认同感，略超过其他收入区间的青年律师

X＼Y	很有感情、有认同感、愿意在本所发展	没有认同感，希望去更好的律所发展	无所谓，只是执业的场所而已	临时在该所，等时机成熟时离开	小计
10万元以下	50.68%	11.46%	24.47%	13.4%	515
10.1~20万元	56.61%	10.33%	26.03%	7.02%	484
20.1~25万元	57.14%	10.88%	25.17%	6.8%	147
25.1~30万元	56.7%	6.19%	32.99%	4.12%	97
30.1~35万元	59.21%	5.26%	32.89%	2.63%	76
35.1~40万元	53.19%	8.51%	36.17%	2.13%	47
40.1~45万元	71.43%	9.52%	19.05%	0%	21
45.1~50万元	63.16%	5.26%	28.95%	2.63%	38

续表

X \ Y	很有感情、有认同感、愿意在本所发展	没有认同感，希望去更好的律所发展	无所谓，只是执业的场所而已	临时在该所，等时机成熟时离开	小计
50.1~55万元	73.33%	13.33%	13.33%	0%	30
55.1~60万元	57.14%	4.76%	38.1%	0%	21
60万元以上	75%	7.35%	16.18%	1.47%	136

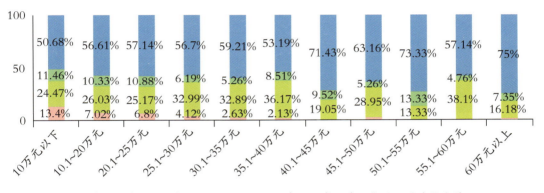

◆ 对律所认同感与收入交叉对比图

问卷调查显示，以非诉业务为主的律所的青年律师对律所的认同感高

X \ Y	很有感情、有认同感、愿意在本所发展	没有认同感，希望去更好的律所发展	无所谓，只是执业的场所而已	临时在该所，等时机成熟时离开	小计
综合性业务	57.17%	10.06%	25.44%	7.32%	1352
专业性业务	69.9%	5.1%	19.9%	5.1%	196
非诉业务	74.87%	3.21%	17.11%	4.81%	187
诉讼业务	50.29%	13.29%	25.43%	10.98%	346

◆ 对律所认同感与律所业务特点交叉对比图

问卷调查显示，在业务需要时能够方便调用律所资源的青年律师对律所的认同感高

X\Y	很有感情、有认同感、愿意在本所发展	没有认同感，希望去更好的律所发展	无所谓，只是执业的场所而已	临时在该所，等时机成熟时离开	小计
是	67.53%	5.53%	21.07%	5.86%	1229
否	23.24%	23.5%	39.95%	13.32%	383

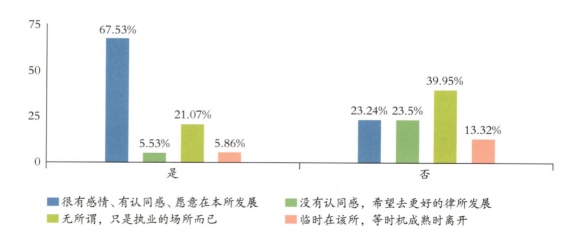

◆ 对律所认同感与调用律所资源便利性交叉对比图

小　结 >>>

　　半数以上青年律师对所执业律所有认同感，结合律所规模、组织形式和业务特点来看，101 人以上规模律所的青年律师对律所的认同感更高，个人所执业的青年律师对律所的认同感较差，而以非诉讼业务为主的律所的青年律师对律所的认同感高。从青年律师的执业年限来看，执业 11 年以上的青年律师对律所的认同感略高。从青年律师在业务需要时调用律所资源的便利性来看，在业务需要时能够方便调用律所资源的青年律师对律所的认同感高。

第四节　青年律师调用律所资源

问卷调查显示，大部分青年律师认为在业务需要时能方便调用律所的资源 >>>

选　项	小　计	比　例
是	1229	76.24%
否	383	23.76%
本题有效填写人次	1612	

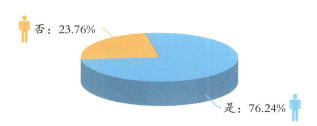

◆ 青年律师在业务需要时调用律所资源的便利性比例图

问卷调查显示，在 **101 人**以上规模的律所执业的青年律师认为方便调用律所资源的比例高于在其他规模律师执业的青年律师认知比例，而在 **31~50 人**规模的律所执业的青年律师认为调用律所资源的便利性较差的比例略高于执业于其他规模律所的青年律师认知比例

X \ Y	是	否	小计
101 人以上	82. 22%	17. 78%	478
51~100 人	75. 31%	24. 69%	324
31~50 人	69. 05%	30. 95%	210
11~30 人	74. 62%	25. 38%	394
10 人以下	74. 27%	25. 73%	206

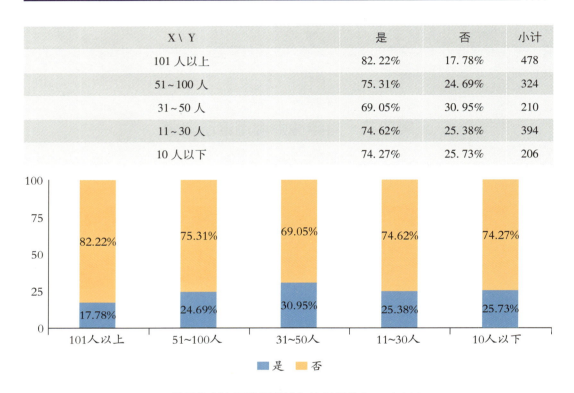

◆ 调用律所资源的便利性与律所规模交叉对比图

问卷调查显示，执业于公司制律所的青年律师比其他类型的律所更方便调用律所资源

X \ Y	是	否	小计
合伙制所	75. 84%	24. 16%	1362
个人制所	72. 45%	27. 55%	98
公司制所	87. 5%	12. 5%	72
公司制、合伙制结合所	77. 5%	22. 5%	80

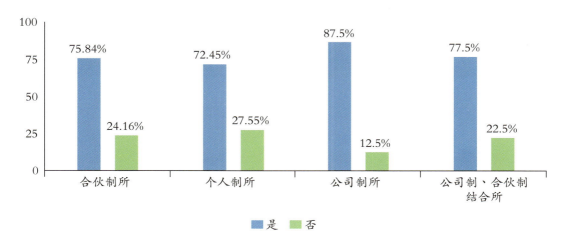

◆ 调用律所资源的便利性与律所体制交叉对比图

问卷调查显示，以非诉业务为主的律所的青年律师比以诉讼业务为主的律所的青年律师，在业务需要时能更方便地调用律所资源

X \ Y	是	否	小计
综合性业务	76.55%	23.45%	1353
专业性业务	82.65%	17.35%	196
非诉业务	86.63%	13.37%	187
诉讼业务	73.99%	26.01%	346

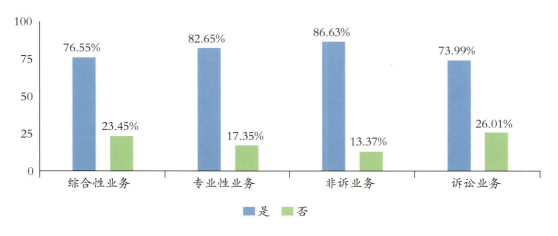

◆ 调用律所资源的便利性与律所业务特点交叉对比图

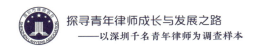
问卷调查显示，律所决策中基本没有征求青年律师意见的律所的青年律师调用律所资源的便利性较差

X \ Y	是	否	小计
主要由事务所主任、合伙人或实际控制人决定	76.87%	23.13%	1232
青年律师参与度高	94.24%	5.76%	139
只有涉及青年律师的事项才征求其意见	81.91%	18.09%	94
基本没有征求青年律师意见	50.34%	49.66%	147

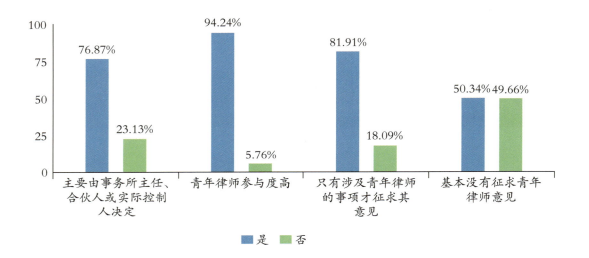

◆ 调用律所资源的便利性与律所决策模式交叉对比图

小 结

　　大部分青年律师认为在业务需要时能方便调用律所的资源；从律所规模、组织形式和律所的业务特点来看，执业于 101 人以上规模律所的青年律师比其他规模的律所更方便调用律所资源，公司制律所比其他类型的律所更方便调用律所资源，以非诉讼业务为主的律所比诉讼业务为主的律所更方便调用资源，而 31～50 人规模的律所青年律师调用律所资源的便利性有待加强。

第五节　律所培训

选 项	小计	比例
定期举行	422	26.18%
不定期举行	709	43.98%
基本不举行	409	25.37%
不太清楚	72	4.47%
本题有效填写人次	1612	

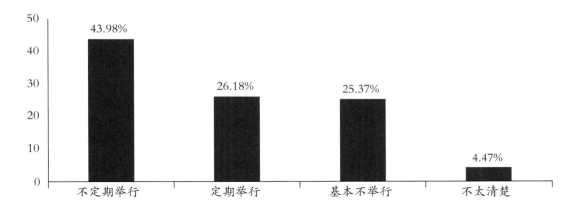

◆ 青年律师所在律所组织专题学习培训与案件讨论现状比例图

X \ Y	定期举行	不定期举行	基本不举行	不太清楚	小计
合伙制所	23.79%	45.81%	26.14%	4.26%	1362
个人制所	11.22%	38.78%	41.84%	8.16%	98
公司制所	66.67%	23.61%	6.94%	2.78%	72
公司制、合伙制结合所	48.75%	37.5%	8.75%	5%	80

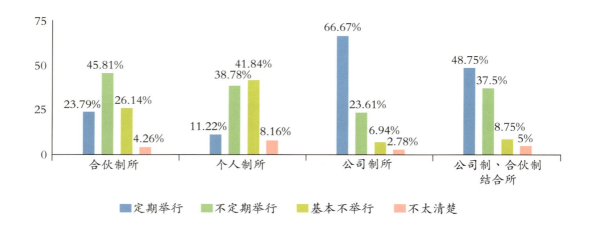

◆ 青年律师所在律所组织专题学习培训与律所体制交叉对比图

问卷调查显示，中小规模律所的定期培训制度有待加强

X \ Y	定期举行	不定期举行	基本不举行	不太清楚	小计
101 人以上	42.68%	47.7%	6.9%	2.72%	478
51-100 人	23.15%	48.15%	25.93%	2.78%	324
31-50 人	21.43%	38.1%	33.81%	6.67%	210
11-30 人	19.04%	41.37%	34.26%	5.33%	394
10 人以下	11.17%	39.81%	41.75%	7.28%	206

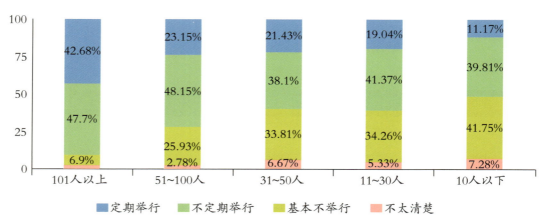

◆ 青年律师所在律所组织专题学习培训与律所规模交叉对比图

问卷调查显示，以专业性业务、非诉讼业务为主的律所开展定期培训和案件讨论的比例高

X \ Y	定期举行	不定期举行	基本不举行	不太清楚	小计
综合性业务	25.67%	45.41%	24.93%	3.99%	1353
专业性业务	44.9%	38.78%	13.78%	2.55%	196
非诉业务	37.43%	47.06%	13.37%	2.14%	187
诉讼业务	18.21%	37.86%	37.57%	6.36%	346

◆ 青年律师所在律所组织专题学习培训与律所业务特点交叉对比图

问卷调查显示，只要本所有培训，青年律师参与热情极高

	定期举行	不定期举行	基本不举行	不太清楚	小计
本所	40.81%	53.47%	4.4%	1.32%	909
深圳市律协	24.37%	45.24%	26.35%	4.04%	1461
政府部门	31.96%	44.33%	20.62%	3.09%	194
商业培训组织	25.19%	47.57%	24.25%	2.99%	536
公益机构	23.39%	40.64%	30.41%	5.56%	342
其他	19.64%	37.5%	33.04%	9.82%	112

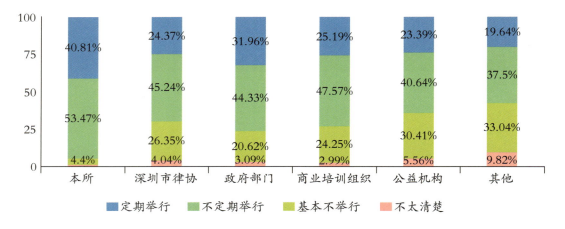

◆ 青年律师参与培训类型与律所是否定期组织培训交叉对比图

问卷调查显示，在定期举行学习培训的律所执业的青年律师表示对本所没有认同感希望去更好的律所发展的比例远低于在其他培训频率的律所执业的青年律师

X \ Y	定期举行	不定期举行	基本不举行	不太清楚	小计
很有感情、有认同感、愿意在本所发展	36.89%	49.84%	10.45%	2.83%	919
没有认同感，希望去更好的律所发展	8.86%	31.65%	56.96%	2.53%	158
无所谓，只是执业的场所而已	12.86%	40.29%	38.83%	8.01%	412
临时在该所，等时机成熟时离开	13.01%	28.46%	51.22%	7.32%	123

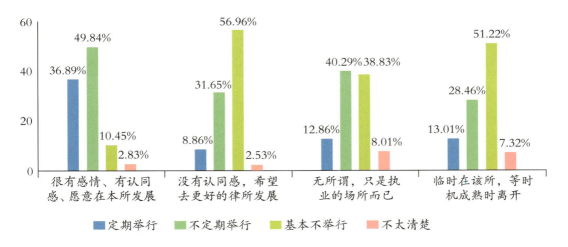

◆ 律所组织培训与青年律师对律所认同感交叉对比图

问卷调查显示，认为律所品牌对青年律师拓展业务有帮助的人群中，青年律师所在律所定期举行培训或学习的比例高

X \ Y	定期举行	不定期举行	基本不举行	不太清楚	小计
非常有帮助	65.47%	30.49%	2.69%	1.35%	223
有一定帮助	26.33%	53.73%	15.78%	4.16%	938
没有帮助	6.43%	30.38%	56.54%	6.65%	451

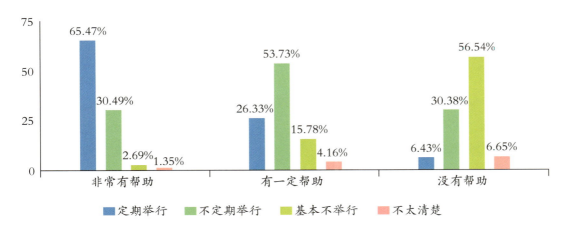

◆ 律所组织培训与律所品牌对青年律师业务拓展的影响交叉对比图

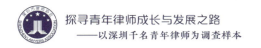
问卷调查显示，认为在业务需要时不能方便调用律所资源的青年律师所在律所，有近半数基本不举行培训、学习

X \ Y	定期举行	不定期举行	基本不举行	不太清楚	小计
是	30.35%	47.68%	18.47%	3.5%	1229
否	12.79%	32.11%	47.52%	7.57%	383

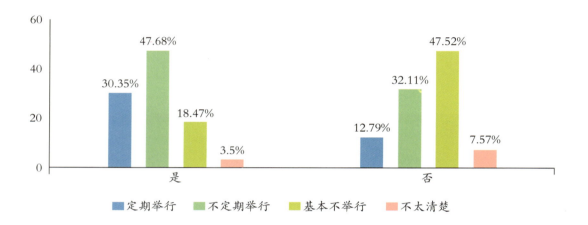

◆ 律所组织培训与青年律师调用律所资源便利性交叉对比图

小 结

目前律所定期举行培训或学习比例不高，结合律所组织形式、规模以及业务特点来看，个人所、中小所以及以诉讼业务为主的律所举行培训或学习的频率有待提升。结合青年律师参加的培训组织来看，只要本所有培训，青年律师参与热情极高。结合律所认同感、调用资源便利性等方面来看，在定期举行学习培训的律所执业的青年律师表示对本所没有认同感希望去更好的律所发展的比例，远低于在其他培训频率的律所执业的青年律师比例，而认为在业务需要时不能方便调用律所资源的青年律师所在律所有近半数基本不举行培训与学习。

第六节　律所扶助

问卷调查显示，青年律师所在律所给予一般指导、会提供少量案源的比例超四成

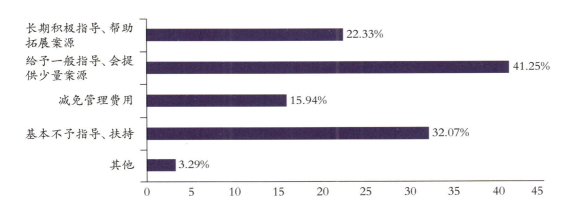

◆ 青年律师所在律所对青年律师业务指导现状比例图

问卷调查显示，公司制律所对青年律师给予长期积极指导、帮助拓展案源的比例超半数

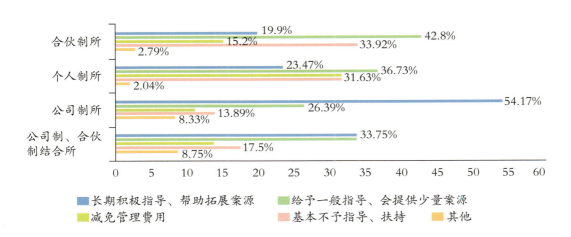

◆ 律所对青年律师业务指导与律所体制交叉对比图

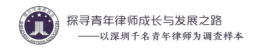

问卷调查显示，101 人以上规模的律所和 30 人以下规模的律所，相比 31～100 人规模的律所，对青年律师的长期指导、扶持程度更高

X \ Y	长期积极指导、帮助拓展案源	给予一般指导、会提供少量案源	减免管理费用	基本不予指导、扶持	其他	小计
101 人以上	25.1%	36.82%	13.39%	31.8%	4.81%	478
51～100 人	19.14%	43.21%	11.42%	35.49%	3.4%	324
31～50 人	16.67%	41.43%	14.29%	37.14%	2.86%	210
11～30 人	24.37%	42.64%	19.04%	29.19%	2.28%	394
10 人以下	22.82%	45.63%	24.76%	27.67%	1.94%	206

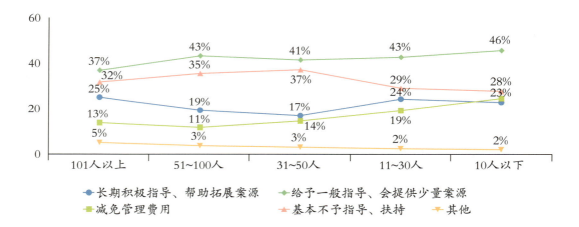

◆ 律所对青年律师的业务指导与律所规模交叉对比图

问卷调查显示，从事非诉讼业务的青年律师所在律所给予长期积极指导、帮助拓展案源的比例更高

X \ Y	长期积极指导、帮助拓展案源	给予一般指导、会提供少量案源	减免管理费用	基本不予指导、扶持	其他	小计
诉讼业务	20.74%	40.34%	15.45%	36.48%	2.58%	699
非诉业务	40.66%	34.62%	14.84%	17.03%	6.59%	182
综合性	19.48%	43.53%	17.05%	32.27%	2.44%	657

续表

X＼Y	长期积极指导、帮助拓展案源	给予一般指导、会提供少量案源	减免管理费用	基本不予指导、扶持	其他	小计
根据律所和指导律师的分配决定	17.57%	45.95%	13.51%	25.68%	9.46%	74

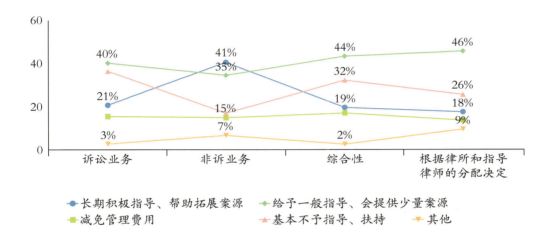

◆ 律所对青年律师的业务指导与业务类型交叉对比图

问卷调查显示，收入在 **45 万元以下**部分，"给予一般指导、会提供少量案源"的律所青年律师比例较高；收入在 **45 万元以上**区间，"给予一般指导、会提供少量案源"与"基本不予指导、扶持"的律所二者占比交替上升；对青年律师的"长期积极指导、帮助拓展案源"对青年律师的收入影响在各个区段中稳步增长，直到在 **60 万元以上**的区间，"长期积极指导、帮助拓展案源"的律所才超越其他三种情形，但也仅高出"给予一般指导、会少量案源"的律所的青年律师 **0.73%**；执业于"减免管理费用"的律所青年律师在收入各区段比例均处于最低

X＼Y	长期积极指导、帮助拓展案源	给予一般指导、会提供少量案源	减免管理费用	基本不予指导、扶持	其他	小计
10 万元以下	18.83%	42.33%	20%	33.79%	3.3%	515
10.1~20 万元	21.69%	41.53%	15.91%	31.82%	3.93%	484

续表

X \ Y	长期积极指导、帮助拓展案源	给予一般指导、会提供少量案源	减免管理费用	基本不予指导、扶持	其他	小计
20.1~25 万元	19.73%	39.46%	16.33%	36.73%	0.68%	147
25.1~30 万元	19.59%	38.14%	6.19%	37.11%	3.09%	97
30.1~35 万元	21.05%	48.68%	13.16%	27.63%	3.95%	76
35.1~40 万元	23.4%	36.17%	6.38%	34.04%	6.38%	47
40.1~45 万元	23.81%	52.38%	9.52%	23.81%	0%	21
45.1~50 万元	26.32%	31.58%	13.16%	39.47%	2.63%	38
50.1~55 万元	30%	43.33%	23.33%	20%	0%	30
55.1~60 万元	19.05%	33.33%	4.76%	38.1%	4.76%	21
60 万元以上	40.44%	39.71%	13.97%	20.59%	3.68%	136

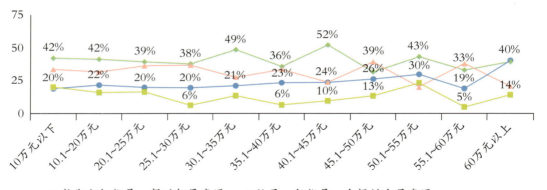

◆ 律所对青年律师的业务指导与收入交叉对比图

问卷调查显示，专业性业务的律所对青年律师给予长期积极指导、帮助拓展案源的扶持力度，远远大于综合性业务的律所

X \ Y	长期积极指导、帮助拓展案源	给予一般指导、会提供少量案源	减免管理费用	基本不予指导、扶持	其他	小计
综合性业务	21.6%	41.64%	16.35%	33.14%	2.96%	1352
专业性业务	38.27%	40.82%	16.33%	20.41%	3.57%	196

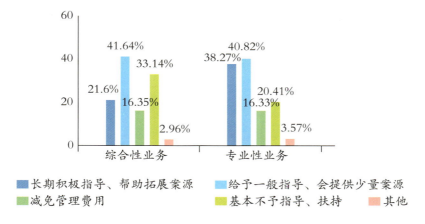

◆ 律所对青年律师的业务指导与律所业务特点交叉对比图

问卷调查显示，在律所决策中青年律师参与度高的律所给予青年律师长期
积极指导、帮助拓展案源的比例高，而律所决策中基本没有征求青年律师
意见的律所基本不予指导、扶持比例最高

X\Y	长期积极指导、帮助拓展案源	给予一般指导、会提供少量案源	减免管理费用	基本不予指导、扶持	其他	小计
主要由事务所主任、合伙人或实际控制人决定	21.43%	43.83%	16.96%	29.55%	3.08%	1232
青年律师参与度高	58.27%	36.69%	16.55%	6.47%	3.6%	139
只有涉及青年律师的事项才征求其意见	11.7%	55.32%	20.21%	30.85%	0%	94
基本没有征求青年律师意见	2.72%	14.97%	4.08%	78.23%	6.8%	147

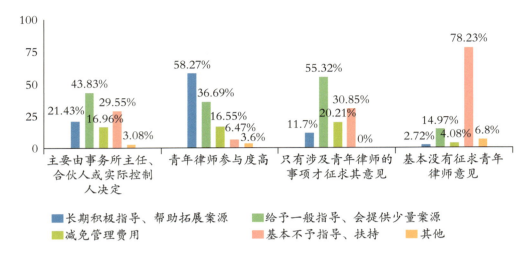

◆ 律所对青年律师的业务指导与律所决策模式交叉对比图

问卷调查显示，基本不举行培训或学习的律所对青年律师基本不予指导、扶持的比例高

X \ Y	长期积极指导、帮助拓展案源	给予一般指导、会提供少量案源	减免管理费用	基本不予指导、扶持	其他	小计
定期举行	46.45%	37.91%	14.22%	14.22%	4.03%	422
不定期举行	19.75%	49.79%	18.19%	24.54%	2.96%	709
基本不举行	3.42%	31.54%	12.22%	63.08%	1.71%	409
不太清楚	13.89%	31.94%	25%	34.72%	11.11%	72

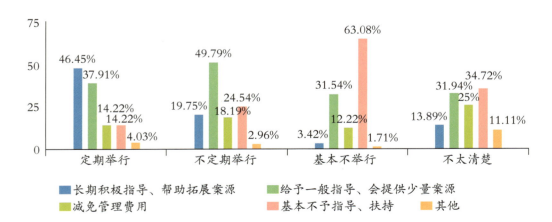

◆ 律所对青年律师的业务指导与律所组织培训交叉对比图

问卷调查显示，认为律所品牌对业务拓展非常有帮助的人群中，青年律师所在律所给予长期积极指导、帮助拓展案源的比例较高

X \ Y	长期积极指导、帮助拓展案源	给予一般指导、会提供少量案源	减免管理费用	基本不予指导、扶持	其他	小计
非常有帮助	58.74%	28.7%	13.9%	10.76%	3.59%	223
有一定帮助	21.86%	48.29%	16.84%	25.48%	3.84%	938
没有帮助	5.32%	32.82%	15.08%	56.32%	2%	451

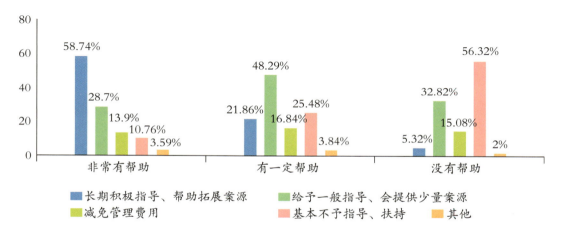

◆ 律所对青年律师的业务指导与律所品牌对业务拓展影响交叉对比图

问卷调查显示，在业务需要时不能方便调用律所资源的青年律师所在律所基本不予指导、扶持的比例较高

X \ Y	长期积极指导、帮助拓展案源	给予一般指导、会提供少量案源	减免管理费用	基本不予指导、扶持	其他	小计
是	27.26%	45.16%	17.41%	23.27%	3.01%	1229
否	6.53%	28.72%	11.23%	60.31%	4.18%	383

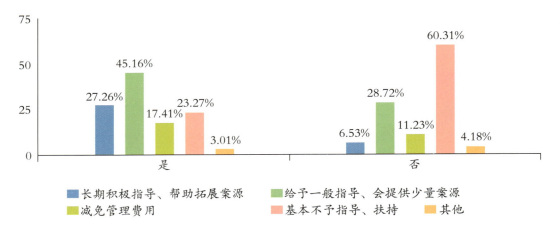

◆ 律所对青年律师的业务指导与调用律所资源便利性交叉对比图

问卷调查显示，对律所没有认同感的青年律师所在律所基本不予指导、扶持的比例较高

X＼Y	长期积极指导、帮助拓展案源	给予一般指导、会提供少量案源	减免管理费用	基本不予指导、扶持	其他	小计
很有感情、有认同感、愿意在本所发展	34.93%	45.92%	19.37%	14.69%	3.37%	919
没有认同感，希望去更好的律所发展	1.9%	21.52%	5.7%	72.15%	3.8%	158
无所谓，只是执业的场所而已	6.31%	39.32%	12.38%	49.51%	2.43%	412
临时在该所，等时机成熟时离开	8.13%	38.21%	15.45%	52.03%	4.88%	123

◆ 律所对青年律师的业务指导与对律所认同感交叉对比图

小 结 ≫≫≫

　　总体来说，青年律师所在律所给予长期积极指导、帮助拓展案源的比例比较低。结合律所组织形式、律所规模、业务特点来看，公司制律师对于青年律师给予长期积极指导、帮助拓展案源的比例超过半数，101 人以上规模的律所和 30 人以下规模的律所相比 31～100 人规模的律所，对青年律师的长期指导、扶持程度更高，专业性律所给予长期积极指导、帮助拓展案源的比例较高。从律师本所业务类型、收入来看，从事非诉讼业务的青年律师所在律所给予长期积极指导、帮助拓展案源的比例较高，收入在 45 万元以下部分，"给予一般指导、会提供少量案源"的律所青年律师比例较高。从律所的决策模式、律所调用资源便利性、律所认同感等方面来看，决策中基本没有征求青年律师意见的律所基本不予指导、扶持的比例最高，在业务需要时不能方便调用律所资源的青年律师所在律所基本不予指导、扶持的比例较高，对律所没有认同感的青年律师所在律所基本不予指导、扶持的比例较高。

青年律师发展中的问题与期待

第一节　青年律师发展中的问题

一、青年律师发展呈现的问题

 目前业务发展的主要困境

　　问卷调查显示，青年律师认为目前业务发展的主要困境按比例高低依次排序为：社会人脉资源不足 82.32%，难以接触高端业务 67.49%，缺乏系统培训 44.17%，专业知识、理论基础不扎实 40.69%，实务机会少 27.85%，其他 3.29%。在其他选项中，很多青年律师提到了团队建立和管理的困难。

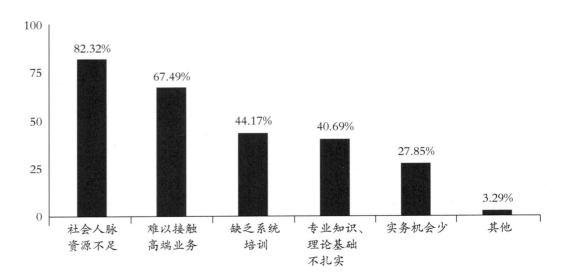

◆ 青年律师认为目前业务发展的主要困境比例图

（1）业务发展困境与年龄。

X \ Y	专业知识、理论基础不扎实	实务机会少	难以接触高端业务	社会人脉资源不足	缺乏系统培训	其他	小计
25周岁以下	55.34%	43.69%	60.19%	95.15%	51.46%	0.97%	103
26~30周岁	45.75%	31.86%	66.5%	89.38%	48.37%	2.29%	612
31~35周岁	39.88%	27.75%	67.24%	79.19%	43.55%	2.89%	519
36~40周岁	29.63%	17.2%	71.43%	71.69%	36.24%	6.08%	378

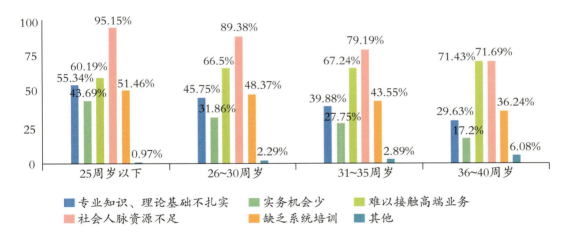

◆ 青年律师认为目前业务发展的主要困境与年龄的交叉对比图

问卷调查显示，随着年龄的增长，困扰青年律师业务发展的主要问题，在社会人脉资源不足，专业知识、理论基础不扎实，缺乏系统培训，实务机会少等方面逐渐降低，而难以接触高端业务逐渐成为影响业务发展的首要问题。

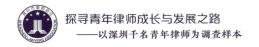
（2）业务发展困境与执业类型。

X\Y	专业知识、理论基础不扎实	实务机会少	难以接触高端业务	社会人脉资源不足	缺乏系统培训	其他	小计
诉讼业务	43.92%	26.04%	72.68%	85.41%	45.35%	2.15%	699
非诉业务	33.52%	17.03%	42.31%	79.67%	27.47%	6.59%	182
综合性	37.75%	30.29%	69.25%	79.76%	46.27%	2.89%	657
根据律所和指导律师的分配决定	54.05%	50%	64.86%	82.43%	55.41%	9.46%	74

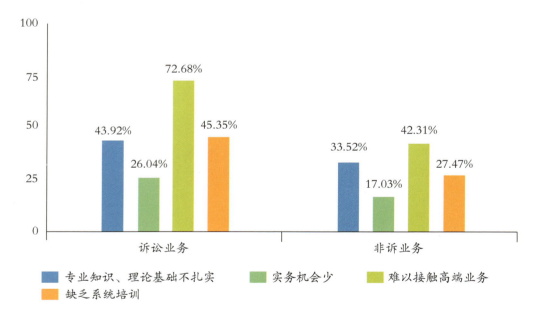

◆ 青年律师认为目前业务发展的主要困境与业务类型交叉对比图

问卷调查显示，从事诉讼业务的青年律师，相比从事非诉讼业务的青年律师，更加面临缺乏高端业务和系统培训的执业困境。而高端业务因其业务特点，往往更需要进行系统培训。因此，无论是律师协会、律师事务所，还是青年律师自身，都应当重视对业务进行系统化培训，从而提高拓展高端法律业务的空间。

青年律师认为影响成长的执业环境方面的主要问题 》》》》

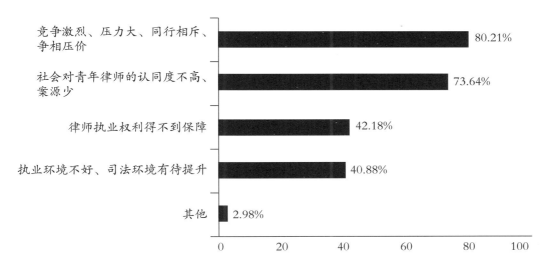

◆ 青年律师认为影响其成长的执业环境方面的主要问题比例图

问卷调查显示，青年律师认为影响其成长的执业环境方面的主要问题按比例高低依次排序为：竞争激烈、压力大、同行相斥、争相压价占 80.21%，社会对青年律师的认同度不高、案源少占 73.64%，律师执业权利得不到保障占 42.18%，执业环境不好、司法环境有待提升占 40.88%，其他占 2.98%。在其他选项中，很多青年律师提到了缺少务实的培训、公民法治意识有待提高、执业成本高等。

青年律师认为当前制约执业发展的主要因素 》》》》

问卷调查显示，在当前制约青年律师发展因素的主观题上，呈现以下反馈：

（1）执业经验和办案技能不足，青年律师综合素质有待提高，行业竞争激烈，生活压力大或成本高等内容的，共 867 个。

（2）案源少，缺乏资源，没有通道接触高端业务或优质客户等内容的，共 798 个。

（3）律所和指导老师不重视青年律师发展，没有建立高质量、系统的培训机制，缺乏律所、协会及政府的扶持，缺乏职业规划的必要指导，行业存在一定弊端，青年律师权益保障不够等内容的，共 173 个。

（4）执业环境有待改善，社会对青年律师服务的认同感和需求度受限等内容的，共 87 个。

（5）青年律师宣传平台缺少，业务拓展、推广不够，共33个。

（6）其他因素，共57个。集中体现为：

①律师生病，女律师生育及产假期间，无收入，退休后的生活没有保障，养老保险按最低档交费；

②进入律师行业的门槛低，造成不适合从事律师职业的年轻人涌入深圳，存在一定的低价竞争，队伍存在良莠不齐的情况；

③行业已逐渐进入"红海市场"的竞争阶段，资深律师通过各种方式垄断业务及限制青年律师独立；

④公益组织太少，律师价值太依托收入，缺少社会议题的参与和建设，缺少参政议政及国民法治教育赋权教育的空间；

⑤现行律师收费指导标准年代久远（已过去11年），远远跟不上经济发展和物价涨幅，无法在业务洽谈中提供有力支撑；

⑥拓展案源手段单一，不能开发新业务，传统业务收费低；

⑦想要快速提高执业能力，必定要投入更多的精力和时间在工作中，导致社交和陪伴家人的时间较少；

⑧过度的加班和过大的工作压力使得很多青年律师处于亚健康状态。

二、律所在青年律师发展中呈现的问题

律所给予青年律师的指导情况 >>>>>

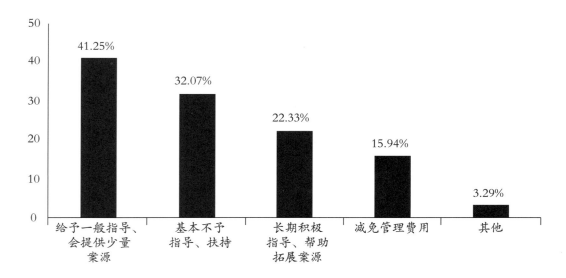

◆ 律所对青年律师的指导扶持现状比例图

问卷调查显示，给予一般指导、会提供少量案源的比例最高为 41.25%，其他情况依次为基本不予指导、扶持的占 32.07%，长期积极指导、帮助拓展案源的占 22.33%，减免管理费用占 15.94%，其他为 3.29%。其他选项中，很多青年律师提到了案源支持少的问题。

青年律师认为律所存在的影响其成长的主要问题 》》》》

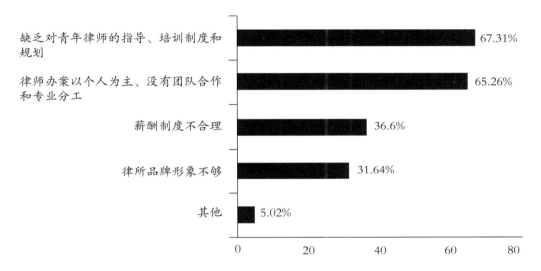

◆ 青年律师认为律所存在影响其成长的主要问题比例图

问卷调查显示，青年律师认为缺乏对青年律师的指导、培训制度和规划占比为 67.31%，认为律师办案以个人为主、没有团队合作和专业分工的占比为 65.26%，认为薪酬制度不合理的占比为 36.6%，认为律所品牌形象不够的占比为 31.64%，其他占比为 5.02%。在其他选项中，很多青年律师提到了税费、管理费高的问题。

（1）律所规模与青年律师认为律所影响其成长的主要问题。

问卷调查显示，不同规模的律所在各类问题中的比例差异较大。

律所规模	青年律师认为律所影响其成长主要问题最高比例分布
101 人以上规模律所	薪酬制度不合理
51~100 人规模律所	缺乏对青年律师的指导、培训制度和规划
31~50 人规模律所	律师办案以个人为主、没有团队合作和专业分工
10 人以下规模律所	律所品牌形象不够

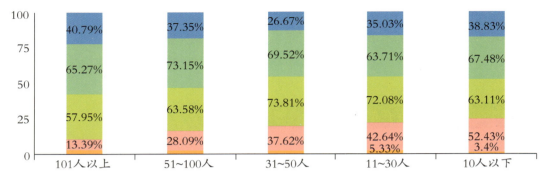

薪酬制度不合理　　缺乏对青年律师的指导、培训制度和规划
律师办案以个人为主、没有团队合作和专业分工　　律所品牌形象不够
其他

◆ 律所规模与青年律师认为律所影响其成长的主要问题交叉对比图

（2）律所体制与青年律师认为律所影响其成长的主要问题。

问卷调查显示，缺乏对青年律师的指导、培训制度、规划和律师办案以个人为主、没有团队合作和专业分工这两大主要问题，是合伙制律所和个人制律所、合伙与公司结合律所影响青年律师成长的最主要问题。

个人制律所中影响青年律师成长的最主要问题为律所品牌形象不够。

公司制律所中影响青年律师成长的最大问题为薪酬制度不合理。

X \ Y	薪酬制度不合理	缺乏对青年律师的指导、培训制度和规划	律师办案以个人为主、没有团队合作和专业分工	律所品牌形象不够	其他	小计
合伙制所	35.39%	68.58%	68.65%	31.79%	4.55%	1362
个人制所	36.73%	65.31%	62.24%	58.16%	3.06%	98
公司制所	54.17%	52.78%	30.56%	15.28%	12.5%	72
公司制、合伙制结合所	41.25%	61.25%	42.5%	11.25%	8.75%	80

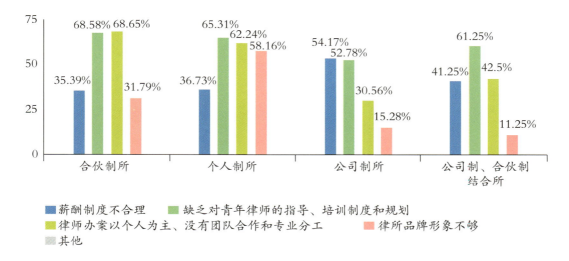

- 薪酬制度不合理
- 缺乏对青年律师的指导、培训制度和规划
- 律师办案以个人为主、没有团队合作和专业分工
- 律所品牌形象不够
- 其他

◆ 律所体制与青年律师认为律所影响其成长的主要问题交叉对比图

（3）律所业务特点与青年律师认为律所影响其成长的主要问题。

问卷调查显示，无论是以诉讼业务为主的律所的青年律师，还是以非诉讼业务为主的律所的青年律师，均认为"缺乏对青年律师的指导、培训制度和规划"是影响其发展的最主要问题，但两者关于其他问题的认识发生了很大差别。

其中，以诉讼业务为主的律所的青年律师认为，"律师办案以个人为主，没有团队合作和专业分工"，以及"律所品牌形象不够"是影响青年律师发展的主要问题的比例，均远高于以非诉讼业务为主的律所；而以非诉讼业务为主的律所的青年律师认为，"薪酬制度不合理"是影响青年律师发展的主要问题的比例，也高于以诉讼业务为主的律所。

X＼Y	薪酬制度 不合理	缺乏对青年律 师的指导、培 训制度和规划	律师办案以个人 为主、没有团队 合作和专业分工	律所品牌形 象不够	其他	小计
综合性业务	34.84%	68.64%	67.09%	32.17%	4.66%	1352
专业性业务	50%	67.35%	52.04%	23.98%	6.63%	196
非诉业务	49.2%	64.17%	47.59%	17.65%	8.56%	187
诉讼业务	34.1%	68.21%	70.81%	43.64%	4.34%	346

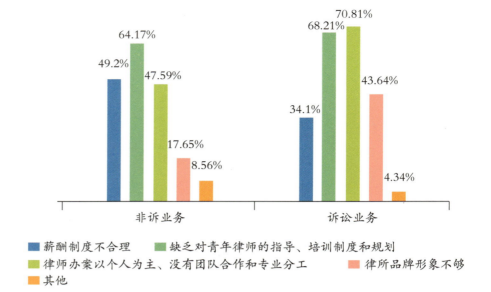

◆ 律所业务特点与青年律师认为律所影响其成长的主要问题交叉对比图

（4）性别与青年律师认为律所影响其成长的主要问题。

问卷调查显示，男性青年律师认为律所影响青年律师成长的主要问题排在前两位的依次为律师办案以个人为主、没有团队合作和专业分工，缺乏对青年律师的指导、培训制度和规划，而女性青年律师认为主要问题排在前两位的依次是缺乏对青年律师的指导、培训制度和规划，律师办案以个人为主、没有团队合作和专业分工，说明男性律师更关注团队合作、专业分工的问题，女性律师更关注指导培训问题。

X \ Y	薪酬制度不合理	缺乏对青年律师的指导、培训制度和规划	律师办案以个人为主、没有团队合作和专业分工	律所品牌形象不够	其他	小计
男	33.58%	67.49%	69.64%	33.26%	4.09%	929
女	40.7%	67.06%	59.3%	29.43%	6.3%	683

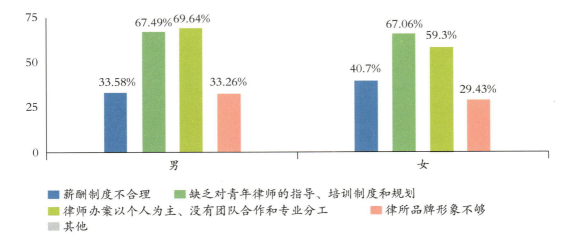

◆ 性别与青年律师认为律所影响其成长的主要问题交叉对比图

（5）收入与青年律师认为律所影响其成长的主要问题。

问卷调查显示，所有收入区段的青年律师都认为缺乏对青年律师的指导、培训制度、规划和律师办案以个人为主、没有团队合作和专业分工是影响青年律师成长的两大主要问题。

除上述两大主要问题之外，收入在20万以下的青年律师和35.1万~40万元的青年律师认为律所薪酬制度不合理是影响其成长的主要问题；收入在45.1万~50万元的青年律师认为律所品牌形象不够是影响其成长的主要问题。

X＼Y	薪酬制度不合理	缺乏对青年律师的指导、培训制度和规划	律师办案以个人为主、没有团队合作和专业分工	律所品牌形象不够	其他	小计
10 万元以下	51.46%	70.87%	61.17%	32.62%	3.69%	515
10.1~20 万元	40.29%	70.25%	64.88%	30.79%	3.51%	484
20.1~25 万元	27.21%	61.22%	68.71%	31.29%	6.12%	147
25.1~30 万元	20.62%	68.04%	64.95%	32.99%	5.15%	97
30.1~35 万元	15.79%	55.26%	76.32%	31.58%	7.89%	76
35.1~40 万元	36.17%	68.09%	78.72%	31.91%	4.26%	47
40.1~45 万元	19.05%	76.19%	57.14%	28.57%	9.52%	21
45.1~50 万元	13.16%	65.79%	65.79%	44.74%	7.89%	38
50.1~55 万元	23.33%	56.67%	66.67%	30%	0%	30
55.1~60 万元	23.81%	80.95%	76.19%	23.81%	0%	21

续表

X \ Y	薪酬制度不合理	缺乏对青年律师的指导、培训制度和规划	律师办案以个人为主、没有团队合作和专业分工	律所品牌形象不够	其他	小计
60万元以上	14.71%	55.15%	66.91%	28.68%	13.24%	136

◆ 收入与青年律师认为律所影响其成长主要问题的交叉对比图

（6）执业状态与青年律师认为律所影响其成长的主要问题。

问卷调查显示，独立执业的青年律师认为，"律师办案以个人为主，没有团队合作和专业分工"是影响青年律师成长的主要问题。而授薪律师认为，"缺乏对青年律师的指导、培训制度和规划"是影响青年律师成长的主要问题；同时，授薪律师认为"薪酬制度不合理"的比例也远高于独立执业的青年律师。

X \ Y	薪酬制度不合理	缺乏对青年律师的指导、培训制度和规划	律师办案以个人为主、没有团队合作和专业分工	律所品牌形象不够	其他	小计
独立执业	24.88%	66.4%	74.83%	34.49%	4.46%	1009
授薪律师	63.74%	66.67%	41.23%	20.18%	6.14%	342
授薪基础上，接案不受限制	44.83%	74.14%	61.21%	37.93%	3.88%	232
其他	58.62%	51.72%	48.28%	17.24%	20.69%	29

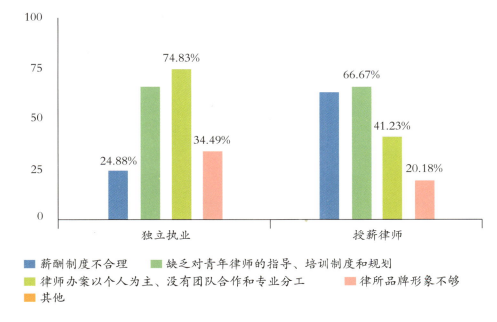

◆ 执业状态与律所影响青年律师成长的主要问题交叉对比图

（7） 执业年限与青年律师认为律所影响其成长的主要问题。

问卷调查显示，不同执业年限的青年律师认为律所影响其成长的主要问题有所差别。

青年律师执业年限	影响青年律师成长的各类问题横向对比最高比例分布
1 年以下	缺乏对青年律师的指导、培训制度和规划
3 年以下（特别是 1 年以下）	薪酬制度不合理
6 年以上（特别是 6~10 年）	律师办案以个人为主，没有团队合作和专业分工
6~10 年	律所品牌形象不够

X \ Y	薪酬制度不合理	缺乏对青年律师的指导、培训制度和规划	律师办案以个人为主、没有团队合作和专业分工	律所品牌形象不够	其他	小计
1 年以下	53.39%	74.01%	54.24%	28.25%	4.52%	354
1~3 年	42.13%	68.31%	63%	28.46%	4.17%	527
4~5 年	30.67%	66%	70%	35.33%	4.67%	300

右上角：续表

X \ Y	薪酬制度不合理	缺乏对青年律师的指导、培训制度和规划	律师办案以个人为主、没有团队合作和专业分工	律所品牌形象不够	其他	小计
6~10 年	21.39%	63.01%	73.99%	38.15%	6.07%	346
11 年以上	15.29%	55.29%	72.94%	25.88%	9.41%	85

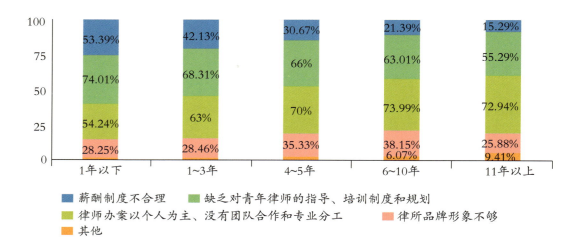

◆ 执业年限与律所影响青年律师成长的主要问题交叉对比图

律所在培养青年律师方面的突出问题

　　问卷调查显示，青年律师认为没有制度、缺乏计划、培训不成系统的比例最高，达到了 66.63%，反映的其他比较突出的问题按比例高低依次为重复低层次工作，资深律师不愿花时间精力予以指导，律所不愿提供高端业务供青年律师学习实践，合伙人不愿花钱投入，比例均不低于 35%。在其他选项中，有的青年律师反映资深律师承担太多事务、无时间精力细化指导，重技能培训、轻事业发展上的协助，合伙制、各团队之间的交流不够导致青年律师之间专业方面的交流不够多，所内大量案例没有集中收集整理供青年律师研习，青年律师有时候要重复低层次工作等。

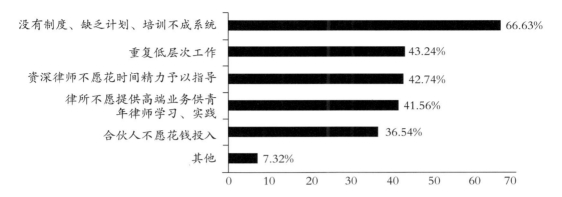

◆ 青年律师认为律所在培养青年律师方面的突出问题比例图

（1）律所规模与青年律师认为律所培养方面的突出问题。

问卷调查显示，认为没有制度、缺乏计划、培训不成系统的比例在所有人数区段的比例都是最高的，除此之外，在 50 人以下规模的律所，认为重复低层次工作的比例最高；在 31 人以上规模的律所，认为资深律师不愿花时间精力予以指导的比例最高。

X＼Y	没有制度、缺乏计划、培训不成系统	资深律师不愿花时间精力予以指导	合伙人不愿花钱投入	律所不愿提供高端业务供青年律师学习、实践	重复低层次工作	其他	小计
101 人以上	57.11%	43.93%	32.01%	41.84%	39.54%	9%	478
51~100 人	69.44%	47.53%	41.98%	45.99%	44.14%	6.17%	324
31~50 人	68.57%	46.19%	46.67%	48.1%	50.95%	1.43%	210
11~30 人	69.29%	38.58%	35.53%	37.82%	39.34%	9.14%	394
10 人以下	77.18%	36.89%	30.1%	34.47%	50%	7.77%	206

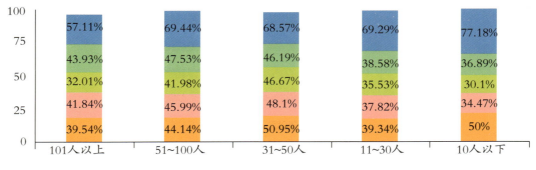

◆ 律所规模与青年律师认为律所培养方面的突出问题交叉对比图

（2）业务类型与青年律师认为律所培养方面的突出问题。

问卷调查显示，存在各类问题比例最低的都是从事非诉业务类律所的青年律师。

X \ Y	没有制度、缺乏计划、培训不成系统	资深律师不愿花时间精力予以指导	合伙人不愿花钱投入	律所不愿提供高端业务供青年律师学习、实践	重复低层次工作	其他	小计
诉讼业务	70.53%	42.35%	38.91%	43.35%	43.92%	5.72%	699
非诉业务	46.7%	32.97%	21.43%	25.27%	37.91%	15.93%	182
综合性	68.65%	45.81%	38.51%	45.05%	42.62%	5.78%	657
根据律所和指导律师的分配决定	60.81%	43.24%	33.78%	33.78%	55.41%	14.86%	74

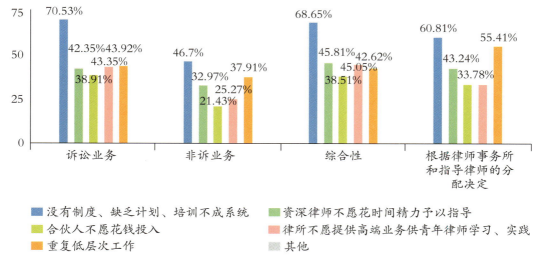

■ 没有制度、缺乏计划、培训不成系统　　■ 资深律师不愿花时间精力予以指导
■ 合伙人不愿花钱投入　　　　　　　　■ 律所不愿提供高端业务供青年律师学习、实践
■ 重复低层次工作　　　　　　　　　　■ 其他

◆ 业务类型与青年律师认为律所培养方面的突出问题交叉对比图

（3）律所决策模式与青年律师认为律所培养方面的突出问题。

问卷调查显示，认为存在各类问题比例最低的都是青年律师参与度高的律所。

X＼Y	没有制度、缺乏计划、培训不成系统	资深律师不愿花时间精力予以指导	合伙人不愿花钱投入	律所不愿提供高端业务供青年律师学习、实践	重复低层次工作	其他	小计
主要由事务所主任、合伙人或实际控制人决定	67.61%	41.48%	35.88%	40.1%	43.02%	7.31%	1232
青年律师参与度高	48.2%	25.9%	13.67%	20.86%	35.25%	14.39%	139
只有涉及青年律师的事项才征求其意见	68.09%	56.38%	36.17%	55.32%	41.49%	3.19%	94
基本没有征求青年律师意见	74.83%	60.54%	63.95%	64.63%	53.74%	3.4%	147

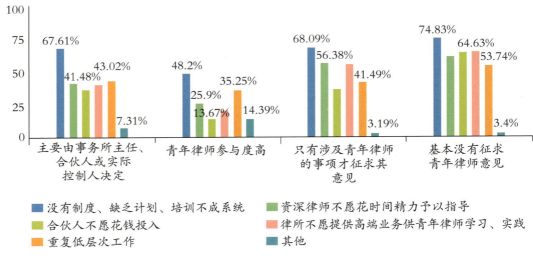

◆ 青年律师认为律所培养方面的突出问题与律所决策模式交叉对比图

（4）律所组织学习培训与青年律师认为律所培养方面的突出问题。

问卷调查显示，随着律所组织学习培训力度的减弱，青年律师认为律所在青年律师培养方面存在的各类问题的比例呈上升趋势，再次凸显了律所内训的重要性。

X \ Y	没有制度、缺乏计划、培训不成系统	资深律师不愿花时间精力予以指导	合伙人不愿花钱投入	律所不愿提供高端业务供青年律师学习、实践	重复低层次工作	其他	小计
定期举行	42.42%	30.81%	21.09%	28.91%	40.05%	15.4%	422
不定期举行	72.21%	43.3%	32.44%	40.76%	41.04%	5.36%	709
基本不举行	83.13%	55.26%	60.88%	55.01%	50.86%	1.96%	409
不太清楚	59.72%	36.11%	29.17%	47.22%	40.28%	9.72%	72

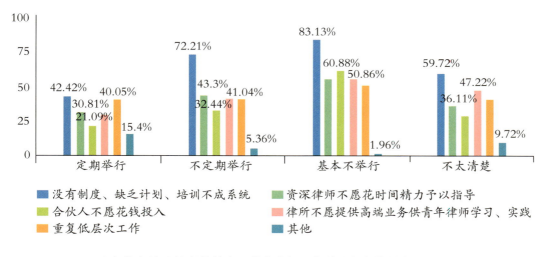

◆ 青年律师认为律所培养方面的突出问题与律所组织培训交叉对比图

（5）律所品牌对业务拓展的帮助与青年律师认为律所培养方面的突出问题。

问卷调查显示，随着律所品牌对业务拓展助力的下降，认为律所在青年律师培养方面存在的各类问题的比例呈上升趋势。

X＼Y	没有制度、缺乏计划、培训不成系统	资深律师不愿花时间精力予以指导	合伙人不愿花钱投入	律所不愿提供高端业务供青年律师学习、实践	重复低层次工作	其他	小计
非常有帮助	44.39%	28.25%	18.83%	21.08%	31.84%	22.87%	223
有一定帮助	65.57%	42.43%	32.52%	41.36%	41.68%	5.33%	938
没有帮助	79.82%	50.55%	53.66%	52.11%	52.11%	3.77%	451

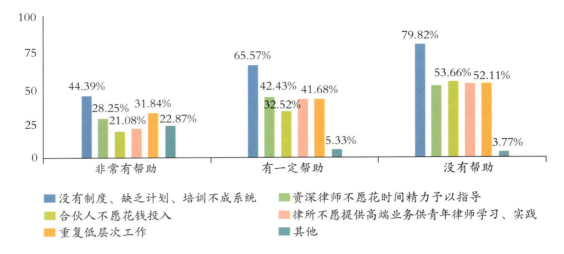

◆ 青年律师认为律所培养方面的突出问题与律所品牌对青年律师业务拓展交叉对比图

（6）律所体制与青年律师认为律所培养方面的突出问题。

问卷调查显示，青年律师认为，律所体制中没有制度、缺乏计划、培训不成系统是最突出的问题。其中，个人制律所中，青年律师还认为重复低层次工作是培养方面的突出问题。

X＼Y	没有制度、缺乏计划、培训不成系统	资深律师不愿花时间精力予以指导	合伙人不愿花钱投入	律所不愿提供高端业务供青年律师学习、实践	重复低层次工作	其他	小计
合伙制所	68.21%	44.86%	38.62%	44.27%	42.29%	6.68%	1362
个人制所	73.47%	39.8%	27.55%	33.67%	60.2%	4.08%	98
公司制所	38.89%	23.61%	25%	19.44%	38.89%	22.22%	72
公司制、合伙制结合所	56.25%	27.5%	22.5%	25%	42.5%	8.75%	80

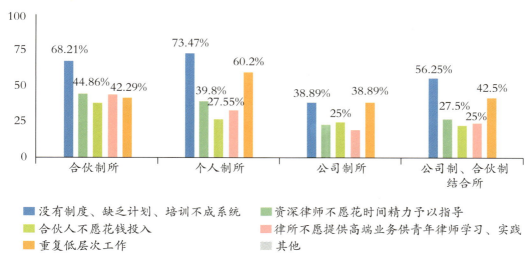

◆ 青年律师认为律所培养方面的突出问题与律所体制交叉对比图

（7）青年律师认为律所培养方面的突出问题与性别。

问卷调查显示，男性、女性律师均认为没有制度、缺乏计划、培训不成系统是律所培养青年律师方面最大的问题，认为合伙人不愿花钱投入的比例都最低，但认为存在的其他问题中，男律师依次为资深律师不愿花时间精力予以指导，重复低层次工作，律所不愿提供高端业务供青年律师学习实践，而女律师依次为重复低层次工作，律所不愿提供高端业务供青年律师学习实践，资深律师不愿花时间精力予以指导。

X＼Y	没有制度、缺乏计划、培训不成系统	资深律师不愿花时间精力予以指导	合伙人不愿花钱投入	律所不愿提供高端业务供青年律师学习、实践	重复低层次工作	其他	小计
男	66.2%	45.1%	38.86%	41.66%	43.27%	6.35%	929
女	67.2%	39.53%	33.38%	41.43%	43.19%	8.64%	683

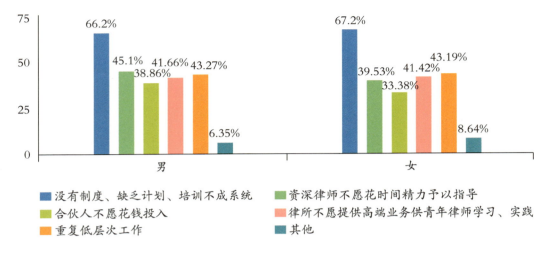

◆ 青年律师认为律所培养方面的突出问题与性别交叉对比图

（8）青年律师认为律所培养方面的突出问题与执业年限。

问卷调查显示，所有执业年限区段的青年律师都认为没有制度、缺乏计划、培训不成系统是律所培养青年律师方面最大的问题。

除上述之外，执业1年以下、执业1~3年、执业11年以上的青年律师都认为重复低层次工作是律所培养青年律师方面最大的问题。

执业4~5年的青年律师认为合伙人不愿花钱投入是律所培养青年律师方面最大的问题。

执业6~10年的青年律师认为资深律师不愿花时间精力予以指导是律所培养青年律师方面最大的问题。

X \ Y	没有制度、缺乏计划、培训不成系统	资深律师不愿花时间精力予以指导	合伙人不愿花钱投入	律所不愿提供高端业务供青年律师学习、实践	重复低层次工作	其他	小计
1年以下	70.06%	42.66%	35.03%	42.09%	48.87%	6.78%	354
1~3年	66.6%	42.31%	35.1%	42.69%	43.83%	6.26%	527
4~5年	61%	42%	43.67%	41.33%	39%	8.67%	300
6~10年	68.21%	45.09%	36.13%	42.49%	40.75%	7.8%	346
11年以上	65.88%	38.82%	28.24%	25（29.41%）	41.18%	9.41%	85

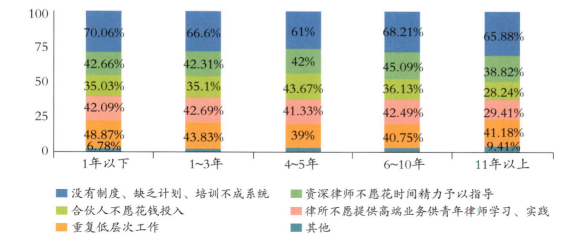

■ 没有制度、缺乏计划、培训不成系统　　■ 资深律师不愿花时间精力予以指导
■ 合伙人不愿花钱投入　　■ 律所不愿提供高端业务供青年律师学习、实践
■ 重复低层次工作　　■ 其他

◆ 青年律师认为律所培养方面的突出问题与执业年限交叉对比图

（9）青年律师认为律所培养方面的突出问题与收入。

问卷调查显示，所有收入区段的青年律师都认为没有制度、缺乏计划、培训不成系统是律所培养青年律师方面的最大问题。除上述之外，不同收入区间的青年律师还呈现出以下反馈：

收入在10万以下、30.1万～35万、45.1万～55万元区间的青年律师认为重复低层次工作的比例最高；

收入在10.1万～20万元、35.1万～40万、60万元以上区间的青年律师认为资深律师不愿花时间精力予以指导的比例最高；

收入在20.1万～30万、40.1万～45万元区间的青年律师认为律所不愿提供高端业务供青年律师学习实践的比例最高；

收入在55.1万～60万元区间的青年律师认为合伙人不愿意花钱投入的比例最高。

X＼Y	没有制度、缺乏计划、培训不成系统	资深律师不愿花时间精力予以指导	合伙人不愿花钱投入	律所不愿提供高端业务供青年律师学习、实践	重复低层次工作	其他	小计
10万元以下	68.93%	44.08%	35.92%	46.21%	48.35%	5.44%	515
10.1～20万元	64.05%	45.66%	35.54%	40.91%	44.63%	7.85%	484
20.1～25万元	69.39%	40.14%	35.37%	44.9%	35.37%	10.2%	147
25.1～30万元	80.41%	37.11%	37.11%	37.11%	31.96%	4.12%	97
30.1～35万元	52.63%	36.84%	38.16%	36.84%	47.37%	7.89%	76

续表

X \ Y	没有制度、缺乏计划、培训不成系统	资深律师不愿花时间精力予以指导	合伙人不愿花钱投入	律所不愿提供高端业务供青年律师学习、实践	重复低层次工作	其他	小计
35.1~40 万元	76.6%	48.94%	40.43%	42.55%	40.43%	2.13%	47
40.1~45 万元	71.43%	42.86%	52.38%	52.38%	33.33%	9.52%	21
45.1~50 万元	73.68%	39.47%	36.84%	34.21%	44.74%	2.63%	38
50.1~55 万元	60%	30%	36.67%	36.67%	46.67%	0%	30
55.1~60 万元	71.43%	42.86%	42.86%	38.1%	33.33%	0%	21
60 万元以上	56.62%	38.97%	37.5%	30.15%	36.03%	16.91%	136

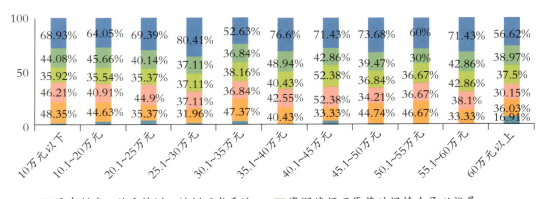

◆ 青年律师认为律所培养方面的突出问题与收入交叉对比图

第二节　青年律师期望得到更多的指导、帮助与支持

青年律师希望通过何种形式来提高其执业能力

问卷调查显示，81.33%的青年律师渴望建立扶持、激励的政策机制；75.25%希望组织或选派参加培训、论坛或沙龙，创造交流机会；63.59%希望律所改进相关制度，加强对青年律师的保障；2.61%为其他选项，其中很多青年律师提到了提供法律援助案

件、加大法律援助补助、政府采购法律服务支持等。

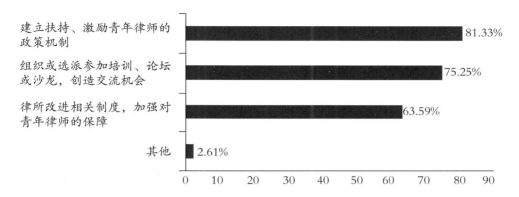

◆ 青年律师希望通过何种形式提高执业能力比例图

青年律师认为律所在其发展方面需要改进的制度 〉〉〉

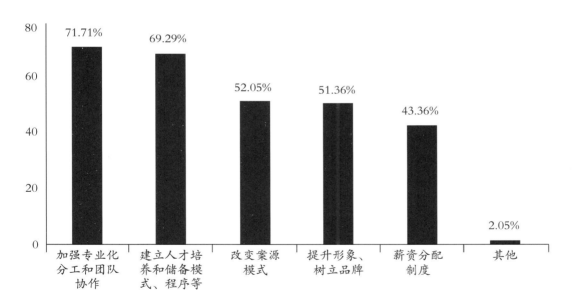

◆ 青年律师认为律所在青年律师发展方面需要改进的制度的比例图

问卷调查显示，青年律师认为律所在青年律师发展方面需要改进的制度按比例高低依次排序为，加强专业化分工和团队协作占 71.71%，建立人才培养和储备模式、程序等占 69.29%，改变案源模式占 52.05%，提升形象、树立品牌占 51.36%，薪资分配制度占 43.36%，其他占 2.05%。

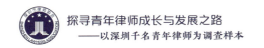

（1）青年律师认为律所需要改进的制度与律所规模。

问卷调查显示，101人以上规模的律所青年律师认为，"建立人才培养和储备模式、程序"是律所在青年律师发展方面最为需要改进的制度。

100人以下规模的律所青年律师认为，"加强专业化分工和团队协作"是律所在青年律师发展方面最为需要改进的制度。

大所和中小所在提升形象、树立品牌方面的改进需求有较大差异，30人以下律所青年律师认为"提升形象、树立品牌"作为律所在青年律师发展方面需要改进的制度的比例，远高于101人以上规模的律所的青年律师的比例，可见大所的品牌优势还是被很多青年律师所认可。

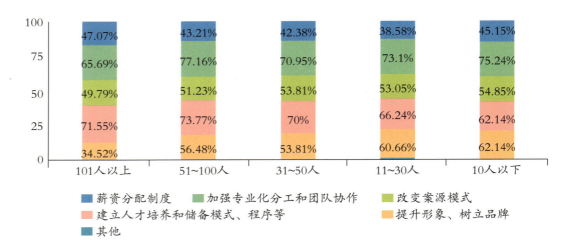

◆ 青年律师认为律所需要改进的制度与律所规模交叉对比图

（2）青年律师认为律所需要改进的制度与律所业务特点。

问卷调查显示，以非诉讼业务为主的律所青年律师认为"建立人才培养和储备模式、程序"是律所最需改进的制度；以诉讼业务为主的律所的青年律师认为"加强专业化分工和团队协作"是律所最需改进的制度。

此外，以非诉讼业务为主的律所和以诉讼业务为主的律所在"提升形象、树立品牌"方面的改进需求存在较大差异，以诉讼业务为主的律所的青年律师认为在此方面的需要改进的比例远高于以非诉讼业务为主的律所的青年律师。

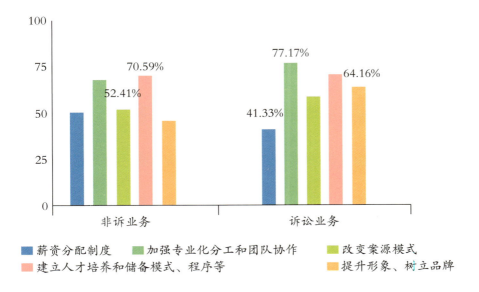

◆ 青年律师认为律所需要改进的制度与律所业务特点交叉对比图

（3）青年律师认为律所需要改进的制度与律所体制。

问卷调查显示，合伙制律所和个人制律所的青年律师都认为最需要改进的制度是"加强专业化分工和团队协作"。

公司制律所的青年律师认为最需要改进的制度是"薪资分配方案"。

公司制、合伙制结合律所的青年律师认为最需要改进的制度是"建立人才培养和储备模式、程序"。

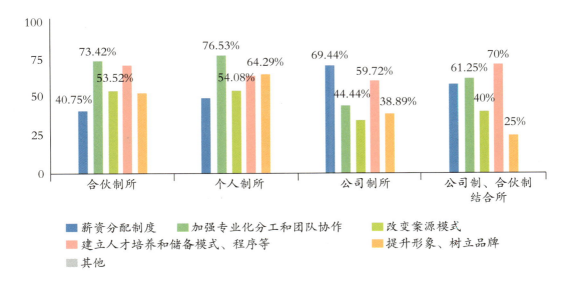

◆ 青年律师认为律所需要改进的制度与律所体制交叉对比图

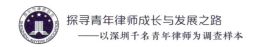

（4）青年律师认为律所需要改进的制度与执业状态。

问卷调查显示，独立执业的青年律师希望律所加强专业化分工和团队协作。授薪律师认为"建立人才培养和储备模式、程序"是律所需改进的制度比例较高。"授薪基础上，接案不受限制"的青年律师对于加强专业化分工和团队协作以及建立人才培养和储备模式、程序的比例均较高。

授薪律师认为"薪资分配制度"需要改进的比例远高于其他执业状态的青年律师。独立执业的律师和"授薪基础上，接案不受限制"的青年律师认为"提升形象、树立品牌"是律所需改进的制度的需求比例远高于授薪律师的比例。

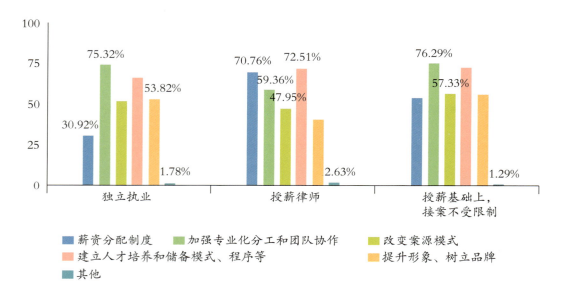

◆ 青年律师认为律所需要改进的制度与执业状态交叉对比图

（5）青年律师认为律所需要改进的制度与执业年限。

问卷调查显示，不同执业年限的青年律师对于律所在青年律师发展方面需要改进的制度的关注点不一样，"建立人才培养和储备模式、程序"是执业1年以下的青年律师认为最需要改进的制度，"加强专业化分工和团队协作"这个需要改进的制度的比例与执业年限成正比变化，而"薪资分配制度"的这个需要改进的制度的比例随着执业年限的增加而在递减。

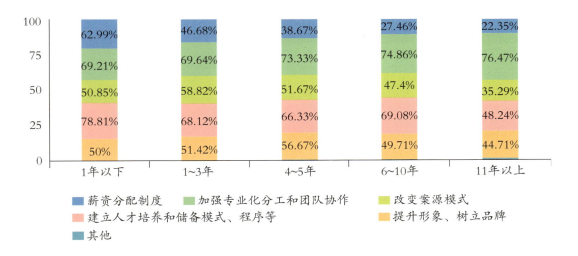

◆ 青年律师认为律所需要改进的制度与执业年限交叉对比图

（6）青年律师认为律所需要改进的制度与收入。

问卷调查显示，收入 10 万元以下和收入 35.1 万~40 万元的青年律师都认为最需要改进的制度是建立人才培养和储备模式、程序。

收入 55.1 万~60 万元的青年律师认为最需要改进的制度是提升形象、树立品牌。

其他收入区段的青年律师都认为最需要改进的制度是加强专业化分工和团队协作。同时，青年律师认为需要改变案源模式的比例随着收入的增加呈整体下降的趋势，而且，认为需要改进薪资分配制度的青年律师比例在收入 45.1 万~50 万元区间达到最低。

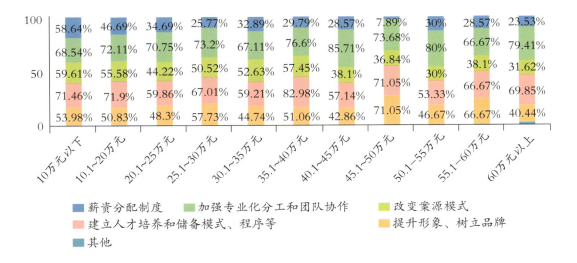

◆ 青年律师认为律所需要改进的制度与收入交叉对比图

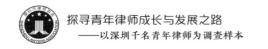

青年律师迫切希望从律师协会得到的支持和帮助 >>>>

问卷调查显示，青年律师认为需要支持和帮助并回答特别迫切的需求的人员为1448人，占89.83%。特别迫切的需求分布如下：

（1）加强专业知识和技能培训，加强行业交流和分享，适当普及智能办公等技术支持，提高青年律师的执业能力，人数为727人，占50.21%。

（2）提供案源支持，法律援助适当向青年律师倾斜，整合社会资源以提供平台展示青年律师，人数为405人，占27.97%。

（3）提供薪酬制度保障，加强执业风险防范、执业权利保障，维护律师执业权益，改善执业环境，人数为235人，占16.23%。

（4）简化律师协会、司法局的律师办事流程，适当减免实习律师的培训费、注册律师的会员费，增加体检、商业保险优惠的活动，人数为176人，占12.15%。

（5）增强与银行合作对青年律师进行贷款支持，增强与政府机关沟通对青年律师进行政策扶持，落实住房、租房福利政策保障，人数为117人，占8.08%。

青年律师对于举办论坛或沙龙内容的反馈 >>>>

问卷调查显示，青年律师认为举办青年律师论坛或沙龙的形式为以资深律师传授经验为主和与其他相关行业进行交流（如法院、证券公司、会计师事务所、知识产权机构等）的比例分别为78.91%和70.66%，高于其他形式的比例，说明青年律师渴望资深律师的指导以及对外交流、开阔视野的迫切需要。

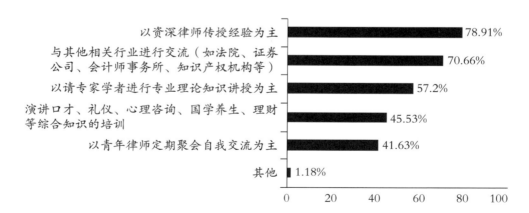

◆ 青年律师认为论坛或沙龙的主要内容比例图

第三节　青年律师期望通过参加公益活动体现价值和提升自我

最近三年是否从事社会公益活动 >>>

问卷调查显示，青年律师最近三年参加社会公益活动的人数占比为 60.42%，回答否的人为 39.58%，大部分青年律师是热心社会公益的。

否：39.58%
是：60.42%

（1）从事社会公益活动与执业年限。

X \ Y	是	否	小计
1 年以下	43.5%	56.5%	354
1~3 年	56.55%	43.45%	527
4~5 年	73%	27%	300
6~10 年	70.81%	29.19%	346
11 年以上	68.24%	31.76%	85

问卷调查显示，执业年限 4 年以上的青年律师从事社会公益活动的比例高于执业年限 4 年以下的青年律师。

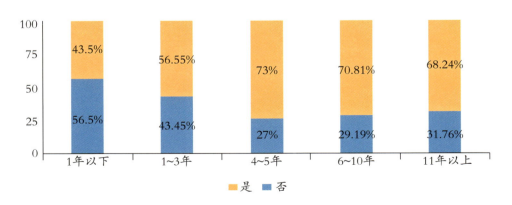

◆ 青年律师从事公益活动与执业年限交叉对比图

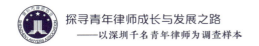

（2）从事社会公益活动与执业状态。

问卷调查显示，独立执业的青年律师从事社会公益活动的比例高于其他执业状态的青年律师。

X \ Y	是	否	小计
独立执业	69.67%	30.33%	1009
授薪律师	42.11%	57.89%	342
授薪基础上，接案不受限制	49.57%	50.43%	232
其他	41.38%	58.62%	29

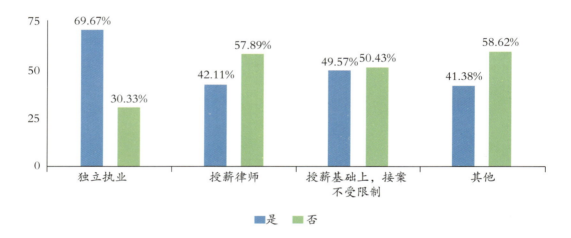

◆ 青年律师从事公益活动与执业状态交叉对比图

参与公益活动的主要方式

问卷调查显示，青年律师参与公益活动的主要方式按比例高低依次为提供法律援助59.45%，主动参加公益组织41.17%，参加律协或律所安排的公益活动37.06%，帮助弱势群体并捐款捐物34.09%，其他形式的公益活动28.85%，可见，青年律师参与公益活动最主要的方式为提供法律援助。

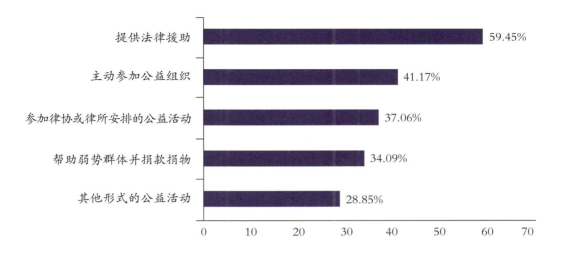

◆ 青年律师参与公益活动的主要方式比例图

青年律师对于承办法律援助案件的态度 ▷▷▷

问卷调查显示，74.5%的青年律师愿意承办法律援助案件，23.08%的青年律师只愿意承办适合自己业务类型的案件，2.42%的青年律师不愿意承办法律援助案件。

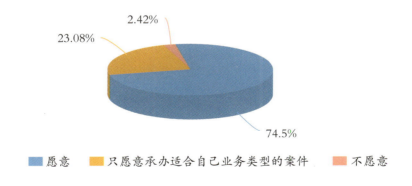

■ 愿意　■ 只愿意承办适合自己业务类型的案件　■ 不愿意

◆ 青年律师对于承办法律援助案件态度的比例图

（1）承办法律援助案件的态度与执业年限。

问卷调查显示，执业1年以下的青年律师承办法律援助案件的意愿最高，但无论执业时间是多久，青年律师对承办法律援助案件的意愿都是非常积极的。

X \ Y	愿意	只愿意承办适合自己业务类型的案件	不愿意	小计
1 年以下	82.77%	16.95%	0.28%	354
1~3 年	76.28%	21.44%	2.28%	527
4~5 年	74.33%	24%	1.67%	300
6~10 年	65.9%	28.61%	5.49%	346
11 年以上	64.71%	32.94%	2.35%	85

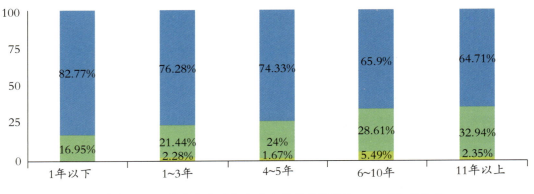

◆ 青年律师对于承办法律援助案件态度与执业年限交叉对比图

（2）承办法律援助案件的态度与业务类型。

问卷调查显示，以诉讼业务为主的青年律师更愿意承办法律援助案件，而以非诉讼业务为主的青年律师只愿意承办适合自己业务类型的案件的比例远高于以诉讼业务为主的青年律师，说明以非诉讼业务为主的律师对于法律援助是有选择性的。但无论是从事诉讼业务还是非诉讼业务的青年律师，都愿意承办法律援助案件。

X \ Y	愿意	只愿意承办适合自己业务类型的案件	不愿意	小计
诉讼业务	78.25%	20.46%	1.29%	699
非诉业务	60.44%	37.36%	2.2%	182
综合性	73.82%	22.53%	3.65%	657
根据律所和指导律师的分配决定	79.73%	17.57%	2.7%	74

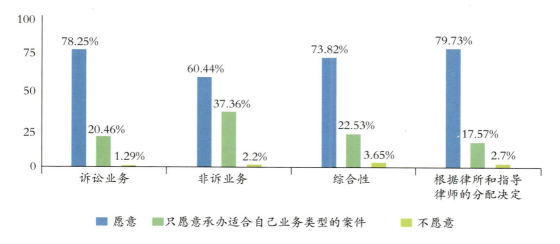

◆ 青年律师对于承办法律援助案件的态度与业务类型交叉对比图

（3）承办法律援助案件的态度与收入。

问卷调查显示，虽然律师在年收入超过 30 万元后愿意继续承办法律援助案件的意愿开始有所下降，但从总体趋势来看，无论青年律师的收入水平是高是低，愿意承办法律援助案件的比例都还是远远高于只愿意选择性承办法律援助案件或根本不愿意承办法律援助案件的比例，这说明对于青年律师而言，补贴收入并不是承办法律援助案件的主要原因，对于绝大多数青年律师，承办法律援助案件，更是为了提高法律专业能力、帮助弱势群体、实现律师的社会价值，完成具有社会责任和职业责任的光荣使命。

X＼Y	愿意	只愿意承办适合自己业务类型的案件	不愿意	小计
10 万元以下	80.78%	18.06%	1.17%	515
10.1~20 万元	75%	23.14%	1.86%	484
20.1~25 万元	79.59%	18.37%	2.04%	147
25.1~30 万元	77.32%	19.59%	3.09%	97
30.1~35 万元	60.53%	32.89%	6.58%	76
35.1~40 万元	68.09%	27.66%	4.26%	47
40.1~45 万元	57.14%	42.86%	0%	21
45.1~50 万元	68.42%	28.95%	2.63%	38
50.1~55 万元	70%	26.67%	3.33%	30

续表

X \ Y	愿意	只愿意承办适合自己业务类型的案件	不愿意	小计
55.1~60 万元	57.14%	38.1%	4.76%	21
60 万元以上	59.56%	34.56%	5.88%	136

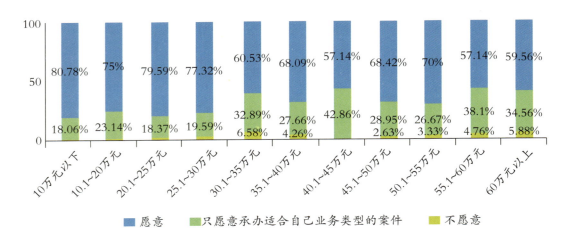

◆ 青年律师对于承办法律援助案件的态度与收入交叉对比图

青年律师对法律援助案件是否对自身具有帮助的观点 ⟫⟫⟫

问卷调查显示，80.02%的青年律师认为办理法律援助案件可以帮助有需要的人，很愿意做；34.43%的青年律师愿意接受法律援助的案件指派，认为法律援助案件可以练手；32.32%的青年律师认为承接法律援助案件有一定的办案补贴，对生活有帮助；5.58%的青年律师认为办理法律援助案件毫无帮助；还有3.04%的青年律师认为办理法律援助案件有助于探索案件背后需要讨论或改善的社会问题，或者为社会困难群体提供优质、免费的法律服务，从而回馈社会，体现律师职业的社会责任感。

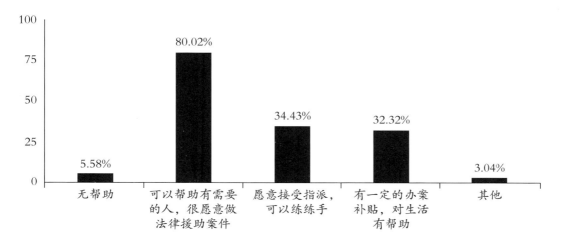

◆ 青年律师对法律援助案件是否对自身具有帮助的观点比例图

（1）办理法律援助案件对自身帮助与执业年限。

问卷调查显示，执业 3 年以下的青年律师愿意承办法律援助案件主要是因为其可以练练手的比例最高，比执业 4~5 年的青年律师比例高出近一倍；而执业 1 年以下的青年律师愿意承担法律援助案件的原因之一的"有一定的办案补贴，对生活有帮助"的比例高出执业 4~5 年的青年律师比例近一倍。

X \ Y	无帮助	可以帮助有需要的人，很愿意做法律援助案件	愿意接受指派，可以练练手	有一定的办案补贴，对生活有帮助	其他	小计
1 年以下	2.26%	84.46%	55.37%	46.33%	1.13%	354
1~3 年	3.61%	78.94%	41.18%	37.38%	2.47%	527
4~5 年	4%	82.33%	26.67%	28%	2.67%	300
6~10 年	12.14%	76.59%	15.32%	18.79%	5.2%	346
11 年以上	10.59%	74.12%	10.59%	12.94%	7.06%	85

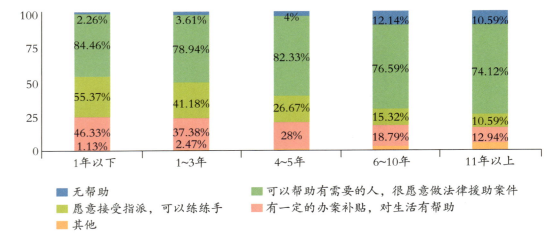

◆ 办理法律援助案件对自身帮助与执业年限交叉对比图

（2）办理法律援助案件对自身帮助与业务类型。

问卷调查显示，以诉讼业务为主的青年律师认为承办法律援助案件对自身有帮助中持有"可以练练手"和"有一定的办案补贴，对生活有帮助"观点的比例远高于以非诉讼业务为主的青年律师。

X \ Y	无帮助	可以帮助有需要的人，很愿意做法律援助案件	愿意接受指派，可以练练手	有一定的办案补贴，对生活有帮助	其他	小计
诉讼业务	5.01%	81.4%	38.05%	38.34%	2%	699
非诉业务	6.04%	73.63%	22.53%	13.19%	6.59%	182
综合性	6.39%	80.21%	32.88%	29.83%	2.89%	657
根据律所和指导律师的分配决定	2.7%	81.08%	43.24%	44.59%	5.41%	74

◆ 办理法律援助案件对自身帮助与业务类型交叉对比图

（3）办理法律援助案件对自身帮助与收入。

问卷调查显示，年收入 10 万元以下的青年律师持有"承接法律援助案件有一定的办案补贴，对生活有帮助"观点和"愿意接受指派，可以练手"观点的比例是年收入 25.1 万~30 万元的青年律师比例的两倍以上。而受访的年收入 20 万元以下的青年律师中，有 80% 左右的青年律师对法律援助案件的办理，赞同"承接法律援助案件有一定的办案补贴，对生活有帮助"和"愿意接受指派，可以练手"的观点。

X \ Y	无帮助	可以帮助有需要的人，很愿意做法律援助案件	愿意接受指派，可以练练手	有一定的办案补贴，对生活有帮助	其他	小计
10 万元以下	3.11%	81.75%	47.96%	48.16%	1.36%	515
10.1~20 万元	3.72%	80.58%	39.46%	35.74%	3.1%	484
20.1~25 万元	3.4%	77.55%	28.57%	27.21%	3.4%	147
25.1~30 万元	6.19%	83.51%	17.53%	23.71%	2.06%	97
30.1~35 万元	11.84%	73.68%	19.74%	14.47%	3.95%	76

续表

X \ Y	无帮助	可以帮助有需要的人，很愿意做法律援助案件	愿意接受指派，可以练练手	有一定的办案补贴，对生活有帮助	其他	小计
35.1~40万元	10.64%	76.6%	21.28%	21.28%	2.13%	47
40.1~45万元	14.29%	80.95%	23.81%	14.29%	9.52%	21
45.1~50万元	10.53%	81.58%	13.16%	13.16%	0%	38
50.1~55万元	13.33%	83.33%	13.33%	10%	3.33%	30
55.1~60万元	14.29%	85.71%	9.52%	0%	0%	21
60万元以上	12.5%	74.26%	12.5%	3.68%	9.56%	136

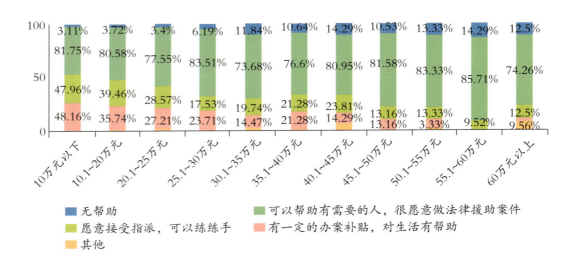

◆ 办理法律援助案件对自身帮助与收入交叉对比图

小　结

（1）全市青年律师中，仅有 59.45% 参加过法律援助，而最近 1 年没有办理过法律援助案件的青年律师的比例高达 77.11%，而办理过 1 件法律援助案件的比例占 15.85%，可见大部分青年律师都很少参与法律援助案件，即使办理过，也仅有 1 件法律援助案件。

（2）结合执业年限、执业状态以及青年律师的业务类型的数据分析显示，执业年限 1 年以内办理过法律援助案件的青年律师的比例远低于执业 4~5 年的青年律师，而独立执业的青年律师和以诉讼业务为主的青年律师办理过法律援助案件的比例相对高于授薪律师以及以非诉讼业务为主的青年律师。

（3）关于青年律师对承办法律援助案件的态度，74.5% 的青年律师愿意承办法律援助案件；结合执业年限来看，执业年限越短的青年律师，愿意承办法律援助案件的积极性越高；结合青年律师的执业类型来看，以非诉讼业务为主的青年律师对于承接法律援助案件是有选择性的；结合青年律师近三年的收入状况来看，年收入 30 万元以下的青年律师愿意承办法律援助案件的比例远高于其他收入的青年律师，而年收入 30 万元以上的青年律师对于承接法律援助案件是有选择性的。

（4）关于青年律师对法律援助案件是否对自身具有帮助的看法，80.02% 的青年律师认为办理法律援助案件可以帮到有需要的人，很愿意做，结合青年律师执业年限来看，发现执业 3 年以下的青年律师愿意承办法律援助案件主要是因为其可以练练手的比例相对其他执业年限的青年律师要高，而执业 1 年以下的青年律师愿意承担法律援助案件的原因中，认为"有一定的办案补贴，对生活有帮助"的比例较高；结合青年律师近 3 年的收入状况，年收入 10 万元以下的青年律师持有"承接法律援助案件有一定的办案补贴，对生活有帮助"观点和"愿意接受指派，可以练手"观点的比例是年收入 25.1 万~30 万元的青年律师比例的两倍以上。

综上分析，在主观上大部分青年律师都愿意承办法律援助案件的，但在客观上，大部分青年律师都未能承接法律援助案件。这是一个具有明显主客观反差的现实问题，值得我们深思。因此切实提升青年律师承接法律援助案件的比例，有助于帮助更多地青年律师提高执业技能、提升收入水平。

探寻青年律师成长与发展之路
——以深圳千名青年律师为调查样本

对策与建议

一、司法行政部门

《律师法》第 4 条规定，司法行政部门依照本法对律师、律师事务所和律师协会进行监督、指导。 对律师行业进行监督、指导，是司法行政部门的职责所在。 青年律师作为律师行业的重要组成部分，其健康发展也离不开司法行政部门的监督与指导。

（一）完善执业权益保障

在本次调研中，不少青年律师对执业权益保障等问题颇为关注。 调查结果显示，有 42.18% 的青年律师认为律师执业权利得不到保障，有 40.88% 的青年律师认为执业环境不好、司法环境有待提升。 实践中，会见难、阅卷难、调查取证难等现象在社会人脉资源少的青年律师身上显得较为突出。 有鉴于此，司法行政部门可以发挥其组织优势，加强以下两个方面的工作：第一，完善权益保障机制。 司法行政机关要认真落实刑事诉讼法、民事诉讼法、行政诉讼法和律师法等有关法律关于律师执业权利的规定，积极协调法院、检察院、公安机关落实律师会见通信权、阅卷权、收集证据权、辩论辩护权等执业权利，保障青年律师办理案件充分履行辩护代理的职责。 完善青年律师执业权益维护机制，建立侵犯律师执业权利事件

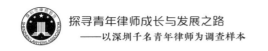

快速处置和联动机制，建立完善的救济机制。 第二，加强办案支持力度。 加强与法院、检察院、公安、民政、工商、人力资源等部门的工作衔接，推动落实好青年律师办理案件程序简化工作。

（二）搭建业务实践平台

调查结果显示，绝大部分青年律师认为"执业经验和办案技能不足"是制约其执业发展的主要因素。 诚然，执业经验与办案技能的获得并非一蹴而就，需要一个积累的过程。 但是，当青年律师刚刚迈入实践之时，能够获得很多的实践机会，这将极大地提升他们获得执业经验的机会。 例如，苏州市司法局为了增加青年律师的实践机会，首创实习律师进法院制度，制定出台《关于建立实习律师到法院实习制度的实施意见》，规范定员制、定岗制、导师制、补助制、考核制以及问责制等六项制度，实习律师接受法官导师和事务所律师导师的双重指导，构建"双赢"的法律职业共同体。

（三）加强法律援助支持

《法律援助条例》第 4 条规定，国务院司法行政部门监督管理全国的法律援助工作。 县级以上地方各级人民政府司法行政部门监督管理本行政区域的法律援助工作。 监督管理法律援助工作的开展是司法行政部门的法定职责。 一般而言，相比其他部门，司法行政部门对本辖区内的法律援助现状、法律援助需求更为了解。 青年律师参与法律援助工作，对于其长远发展意义重大。 一方面，法律援助工作能够为青年律师提供各种各样的实践机会，帮助青年律师积累执业经验，还能提供一定的案件补贴，缓解一定的经济压力；另一方面，法律援助工作有助于青年律师正确理解律师职业的职业精神，帮助他们树立正确的执业观，以公平正义作为其职业追求。

调查结果显示，全市青年律师中，仅有 59.45% 参加过法律援助，而最近 1 年没有办理过法律援助案件的青年律师比例高达 77.11%，而办理过 1 件法律援助案件的比例占 15.85%，可见大部分青年律师都很少参与法律援助案件，即使办理过，也仅有 1 件法律援助案件。 因此，为了发挥青年律师在法律援助工作中的作用，也为了促进青年律师的发展，司法行政部门应该积极促进青年律师参与法律援助工作。 具体可以采取以下几项措施：第一，将法律援助案件更多地指派给青年律师，组织青年律师围绕劳动保障、婚姻家庭、食品药品、教育医疗等民生事项，及时为符合条件的困难群众提供诉讼和非诉讼代理；第二，优先安排青年律师在法律援助便民服务窗口和"12348"法律服务热线值班，运用自身专业特长为群众提供咨询意见，积极提供法律信息和帮助，引导群众依法表达合理诉求，提高群众法治意识；第三，将青年律师纳入值班律师范围，由法律援助机构在人民法院、看守所派驻值班律师，依法为犯罪嫌疑人、被告人等提供法律咨询等法律帮助；第四，建立青年律师办案补贴动态调整机制，根据青年律师承办案件成本、基本劳务费用等因素合理确定青年律师办案补贴标准并及时足额支付。

二、律师协会

2016 年，司法部出台了《关于进一步加强律师协会建设的意见》，明确指出"进一步关心青年律师成长发展"。 这为律师协会加强青年律师培养开展相关工作提供了依据，结合本次调查结果，律师协会可以多维度采取针对性措施，为青年律师的成长创造良好环境。

（一）加强律师协会制度建设，形成青年律师培养的长效机制

1. 制定《青年律师培养规范指引》，为律师事务所提供行业标准

调查结果显示，所有收入区段的青年律师都认为没有制度、缺乏计划、培训不成系统是律师事务所在培养青年律师方面存在的最大问题。 因此，律师协会必须发挥规范引领作用，首先明确青年律师培养的行业标准，为律师事务所制定本所的青年律师培养制度提供参考与指引，并监督律师事务所严格落实行业标准。 2012 年 7 月，中华全国律师协会发布的《关于进一步加强青年律师培养工作的指导意见》中对于地方律师协会加强青年律师培养工作的制度建设给予了明确的指导意见，湖北省律师协会于2015 年 3 月也制定了《湖北省青年律师培养工作办法（试行）》。

2. 制定《青年律师会费减免办法》，切实减轻青年律师会费负担

调查结果显示，有相当比例的青年律师希望律师协会、司法局简化律师办事流程，适当减免实习人员培训费、注册律师会员费，增加体检、商业保险优惠的活动。因此，律师协会适时制定《青年律师会费减免办法》，既符合律师会费量能原则，也能切实减轻青年律师的负担。 从全国范围来看，北京、天津、江苏、青海、内蒙古、福建、陕西等省市的律师协会，以及武汉、宁波等地方律师协会已经制定了相应的青年律师会费减免办法，且取得了很好的效果。

（二）为青年律师搭建培训平台，促进青年律师专业化发展

调查结果显示，有 50.21% 的青年律师希望律师协会加强专业知识和技能培训，加强行业间交流分享，适当普及智能办公等技术支持，提高青年律师的执业能力。 因此，律师协会可以采取多种方式，深化青年律师培训机制，进一步提升青年律师的执业能力

第一，建立青年律师培训师资库，将律师行业内各个领域中业务水平较高的律师

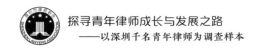

或专家学者纳入师资库。 再由律师协会提前做好培训规划，设计好培训主题，提前发送给青年律师，给青年律师足够的选择空间。

第二，建立专项青年律师培训项目，可以设立一些固定的、可持续的专项培训项目，这样也有利于青年律师培训机制的系统化与制度化。 例如，中华全国律师协会举办的青年律师领军人才训练营，在律师行业内就产生了很好的效果。 深圳市律师协会实施的"十年千人人才计划"，截至2018年已开展十期青年律师研修班，每期选定不同的专业，设定学习目标与任务，为深圳律师行业打造和培养了一批专业化的青年律师队伍。

第三，建立国内外青年律师联合培养制度。 律师协会可以结合各地区位条件，利用协会资源与国内其他地方律师协会或国外律师协会建立合作关系，由律师协会统筹安排青年律师到国内外其他律师事务所进行访问学习。

（三）为青年律师搭建业务发展平台，改善青年律师生存环境

调查结果显示，青年律师认为举办青年律师论坛或沙龙的形式为以资深律师传授经验为主和与其他相关行业进行交流（如法院、证券公司、会计师事务所、知识产权机构等）的比例分别为78.91%和70.66%，高于其他形式的比例，说明青年律师渴望资深律师的指导以及对外交流、开阔视野的迫切需要。 因此，律师协会可以通过建立"名所探访"制度，来打破律师事务所之间的区隔以及律师业务之间的隔离，把散落于各个律师事务所的青年律师组织起来，近距离走进大所、精品所、名所，了解不同律所的管理模式、业务特点、薪酬制度、培养制度。 青年律师通过近距离的观察交流，可以开拓视野，明确定位，为自己的职业规划找到明确的方向。 目前国内也有一些地方律师协会设立了类似的项目或机制，例如，成都市律师协会设立了"走进名所"项目，定期举行；长沙市律师协会设立了长沙律师节律师事务所开放周活动。

同时，律师协会也可以为青年律师搭建文化交流平台，丰富青年律师的业余生活：设立各类公益服务项目，为青年律师参与公益提供机会；举办（支持）各类文化体育交流活动，满足青年律师成长成才的需要等。

三、律师事务所

青年律师是整个律师行业的未来与希望，也是律师事务所成就"百年大所"的希望。 青年律师成长问题一直受到业内关注，律师事务所应该积极探寻青年律师培养的对策与具体路径，为青年律师的成长提供助力。

（一）完善青年律师培养机制

目前很多律师事务所，没有明确的青年律师培养计划，青年律师没有成为重要的

人力资源。 对于很多律师事务所而言，青年律师的价值大多停留在分摊办公成本和提高人气上面。 很多青年律师进入律师事务所以后，由于缺乏系统的培养，成长缓慢，执业之路着实艰辛。 调查结果显示，对于律师事务所在培养青年律师方面的突出问题，青年律师认为"没有制度、缺乏计划、培训不成系统"的比例最高，达到了66.63%，其他比较突出的问题按比例高低依次为："重复低层次工作""资深律师不愿花时间精力予以指导""律师事务所不愿提供高端业务供青年律师学习实践""合伙人不愿花钱投入"等，比例均不低于35%。

有鉴于此，律师事务所必须完善青年律师培养计划，将青年律师的培养纳入中、长期发展规划和年度工作计划，并且应该充分听取青年律师的意见与建议。 第一，完善青年律师培养制度，内容具体而明确。 正如在大学里，每一名大学生入学后，都会收到学校制定的培养方案一样，律师事务所也应该结合自身的业务类型、规模大小，制定适合本所的青年律师培养制度。 正所谓"无规矩不成方圆""凡事预则立不预则废"，青年律师培养制度也是如此，不能仅仅停留在宣示性、抽象性的内容，培养制度的内容应该明确而具体。 例如，青年律师指导老师选任办法、工作职责和监督考核办法；青年律师的培训方式和实施办法；青年律师不良工作习惯、生活习惯、品行不端倾向的提醒和矫正方法；青年律师的职位晋升，等等。 第二，加强文化建设，营造良好的培养环境。 好的律师事务所文化能够增强凝聚力、创造力和持久力，有利于律师事务所稳定发展。 在制度层面，可以通过建立疗养度假、生日问候、年度体检、保健咨询等向青年律师提供人文关怀，调查结果显示，有38.59%的青年律师每天工作时间超过8小时，经常加班加点。

（二）加强团队建设，推动青年律师专业化发展

毋庸置疑，专业化发展已经是未来律师行业发展的趋势。 律师、律师事务所能否实现自身的专业化发展，关系到其在整个法律服务市场中的竞争力。 调查结果显示，对于律师事务所在青年律师发展方面需要改进的制度，有71.71%的青年律师认为律师事务所需要加强专业化分工和团队协作。 对于青年律师而言，专业化发展并不容易，其面临的首要问题就是案源问题。 走专业化道路，意味着需要在接受案件时具有一定的方向性和倾向性，这对于本身就缺乏案源的青年律师而言，不仅无法获得更多的案源，还要从已有的案源里剔除一部分。 这就使得很多青年律师陷入两难境地，一方面希望专业化，另一方面又不敢专业化。 在这种情况下，依靠律师事务所或团队实现自身专业化无疑是最为便捷和最有利的方式。 因此，律师事务所需要在青年律师专业化发展方面制定激励政策，鼓励青年律师逐步实现专业化。 例如，目前业内的一些大型律师事务所为了实现律师的专业化发展，对于律师的业绩考核标准作出了弹性调整。

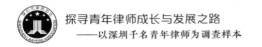

四、青年律师个人

习近平总书记说，"打铁还需自身硬"。青年律师的健康成长需要青年律师个人树立正确的职业观和发展规划，不断实践和学习，全方位提升自我。

（一）全面了解行业，精准定位自我

改革开放 40 年来，中国的律师行业发生了巨大的变化，法律服务市场逐渐走向成熟。"律师"这个职业已经不再只是"出庭应诉"了，非诉业务的快速发展，对律师的工作模式、工作思维等产生了深远影响。可以预见的是，在未来，中国的律师行业中"一次法庭也未去过"的律师可能不在少数，本次调查结果也显示，从事诉讼业务的青年律师仅占到 43.36%。对于青年律师而言，在进入律师行业时，应该对律师行业的相关生态有所了解和把握，这有助于青年律师看到成长方向，凝聚成长动力，为自己确立正确的职业规划。有了正确的定位后，对律师行业的认识才会更加清晰、更加理性，才能树立正确的职业观，避免受到诸如"律师商人""拿人钱财替人消灾""收入高则业务好"等标签化、简单化思维的影响，才能对自身的优势与不足进行适时调整，选择适合自身的"律师之道"。

（二）保持开放心态，全面提升自我

众所周知，不断学习对于青年律师的成长非常重要，但问题的关键是学什么呢？从调查结果来看，无论是青年律师希望律师事务所、律师协会举办各类培训业务活动、经验交流活动，还是青年律师个人参与的各类学习活动，贯穿其中的主要体现为三个关键词：知识、经验和技能。这就是青年律师的学习内容，也是青年律师的学习目标。所谓的知识，既包括法律知识，也包括其他专业知识，法律工作本身并不如想象中那么的单一、纯粹，有的时候往往需要各类知识背景，因此，青年律师不仅要注重法律知识的学习，也要注重其他专业知识的把握。所谓的经验，主要是在实际案件办理中积累的，这种经验有时带有很强的个性化色彩，有时也是可以复制的。因此，青年律师不仅要加强对自身法律实践经验的总结与提炼，还要注重对资深前辈律师经验的学习。所谓的技能，则更加涉及一些程式化、技术性强的内容。在人工智能、共享经济的新媒体时代，如何将科学技术与自身业务结合起来，促进自身的发展，对青年律师而言，也非常重要。因此，青年律师应该保持开放的心态，多学习一些新技能，如案件可视化、法律文书写作、新媒体营销等等；多了解一些新业态，如大健康、家庭财富管理、科技法律等等。